JN021001

まいにち米粉

パンと料理とお菓子

米粉料理家
高橋ヒロ

池田書店

365日、ごはんを炊くような気軽さで。

みなさん、米粉にどんなイメージを抱いていますか？
「体にやさしい」という印象をもっている方が多いでしょうか。

私も米粉を使い始めたきっかけは、息子の小麦アレルギー。何百という米粉のレシピを、繰り返し作っては食べてきました。
しかし今となっては、「体にやさしい」だけでなく、「使いやすい」、そして何より「おいしい」から、米粉を選ぶようになった気がしています。

米のうまみ、甘み。しっとり、もっちりとした食感。
そんな、日本人の慣れ親しんだ「米」のおいしさこそ、米粉の最大の魅力かもしれません。
小麦粉よりも扱いが難しいイメージもありますが、米粉の性質さえ知っていれば大丈夫。ちょっとのコツで、パンもお菓子も料理も、何にでも活用できます。慣れてしまえば、こんなに便利な食材はないと思うほど、身近な存在になってくれるはずです。
米粉は単なる「小麦粉のかわり」ではなく、便利でおいしい、頼れる食卓の味方なのです。

わが家では、大きな瓶にドサッと米粉を入れて、いつでも使えるように台所に置いてあります。朝・昼・晩と、気付けば毎食のように米粉が活躍しています。
ごはんを炊くような気軽な気持ちで、まずは一品、作ってみてください。そのおいしさに、きっとあれこれと作ってみたくなりますよ。

高橋ヒロ

まいにち、米粉のある暮らし。

🕖 7:30

おそうざいパン（P.26）、にんじんポタージュ（P.24）

眠い目をこすりながら、朝食の支度。
米粉、砂糖、お湯、材料を次々とボウルで混ぜて、パン生地を作る。
昨日のおかずの残りをのせたら、あとはオーブンにおまかせ。
作業時間10分、ごはんを炊くような気軽さで自家製パンのできあがり。
焼きたてのパンの香りで、ようやく目が覚めてきた！

🕐 13:00

米粉ミートパスタ（P.64）、ココアバナナパウンドケーキ（P.114）

お昼は子どもと一緒に米粉をこねて、手作りパスタに挑戦。米粉のパスタは
すぐゆだるし、おなかいっぱい食べても眠くなりにくいのがお気に入り。
おやつもリクエストされたので、しぶしぶ、でも、楽らくと、米粉をボウルで
ぐるぐる混ぜる。米粉はお菓子作りが苦手な人の救世主、だと思う。
あっという間にできたパウンドケーキは、ふわふわしっとり、味見が止まらない。

🕖 19:00

チキン南蛮、中華スープ（P.77）

カリッと揚がったチキン南蛮は、家族みんなの大好物。
米粉の衣は油ぎれがいいから、ペロリと食べられる。
寒くなってきたので、スープは米粉でとろみをつけて、アツアツに。
寝る前に、明日の朝食を考える。そう言えば冷蔵庫に何もない……そうだ、
みそ汁に米粉のすいとんを落とそう。もちもちのすいとんは、家族みんなの大好物。

こんなふうに、まいにち、気軽に、気取りなく。
米粉は365日使える、心強い相棒のような存在なのです。

だから米粉は、毎日使える。

米粉と言えば、「体によさそう」とか、「アレルギーが少ない」といったように、
健康的なイメージが浸透しているように思います。もちろんそれらも
米粉の大きな特徴ですが、他にも米粉にはうれしいメリットがたくさんあるんです。
便利で、手軽で、体にいい。米粉のことを知れば知るほど、
毎日の暮らしに欠かせない存在になることでしょう。

「NOグルテン」だから
初心者でも失敗しません

お菓子を作る上で、テクニックが必要となってくる
のが「混ぜ方」。混ぜすぎて生地がかたくなってしま
った……なんてこと、米粉では心配なし！ 米粉と小
麦粉の大きな違いは、小麦に含まれるたんぱく質
「グルテン」が米粉には含まれていないこと。グルテ
ンは混ぜすぎると粘りが出て生地をかたくしてしま
う性質があるので、小麦粉で作るお菓子は混ぜすぎ
NG。一方、米粉にはグルテンが含まれていないの
で、ぐるぐる気楽に混ぜればOKなのです。
混ぜ方、混ぜる回数、混ぜる時間を気にしなくとも、
誰でも簡単においしいお菓子やパンが作れます。

手間いらず。
だから毎日続けられる

お菓子やパンを作る上で面倒なのが、「ふるう」作業。
しかし、米粉は粒子がとても細かくダマになりにく
いので、ふるいにかけなくてOK！
ボウルに次々と材料を入れて、泡立て器で混ぜるだ
け。または、ポリ袋に入れてシャカシャカと振るだけ
でもいいのです。洗い物が減る上に、粉の飛び散り
もないので後片付けの手間が省けます。小麦粉のよ
うにこびりつかず、水をかければさらっと流れてく
れるので、洗い物も楽になります。
また、小麦粉のお菓子などはグルテンを落ち着かせ
るために生地をしばらく休ませることが多いですが、
グルテンのない米粉はその時間もかかりません。す
ぐに作れて後片付けもあっという間。この気楽さが
あるから、無理なく毎日続けられるんです。

良質なアミノ酸を含む
すぐれた栄養バランス

米粉は、糖質、ミネラル、ビタミンB類、食物繊維など、体に必要な栄養素がバランスよく含まれている食材です。特に、米に含ま

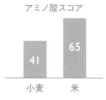

アミノ酸スコア

41 小麦
65 米

れるたんぱく質は、アミノ酸スコアが優秀なことが分かっています。アミノ酸スコアとは、9種類の必須アミノ酸が適切な割合で含まれているかを示す数値で、小麦が41に対し、米は65※と高いスコアになっています。

※「米粉をめぐる現状について」農林水産省（平成30年）より

吸油率が低い！ 米粉料理はヘルシー

「米粉で天ぷらを作るとサクッと揚がる」と聞いたことはありませんか？ これは、小麦粉よりも米粉の吸油率が低いおかげなんです。小麦粉を米粉に置き

油
25%

換えると吸油率が25％下がる※ので、べちゃっとせず軽い仕上がりに。冷めてもサクッと感が長続きします。もちろん、油が少ないのでヘルシー！

※「新しい米粉の調理適性」熊本製粉㈱研究開発部（2012）より

アレルギーが少ない＆
国産だから安心

米粉は、小麦アレルギーやグルテン過敏症の方に必要不可欠な「グルテンフリー食品」です。米自体が日本人にはアレルギーの少ない食材ですので、小さな子どもでも毎日安心して食べられます。
また、約9割を海外からの輸入品に頼っている小麦に対し、米はほとんどが国産。ポストハーベスト農薬※の心配がありませんし、米粉を選択することで食糧自給率のアップに貢献できるという大きなメリットも。

※詳しくはP.127で解説

contents

part.1　米粉の朝ごはん

この本のきまり

・米粉は種類や製粉方法によって、必要な水分量や加熱時間が大きく異なります。本書の解説ページ（P.12、122）をよく読み、レシピに推奨米粉が記載されている場合はそれに従うと失敗が少ないです。

・本書で使用している調味料について、植物油は香りの少ない植物性のオイル（米油や太白ごま油など）、バターは無塩、砂糖はきび砂糖、塩は自然塩を使用しています。

・本書で使用している卵はLサイズ（正味60g）です。

・材料に豆乳とあるものは牛乳に、牛乳とあるものは豆乳に置き換えられます。

・生地の水分量は室温や湿度によって変化するので、生地の状態を見ながら調節してください。

・電子レンジの加熱時間は600Wを基準としています。500Wの場合は加熱時間を1.2倍、700Wの場合は0.8倍してください。

・電子レンジやオーブンは機種により加熱時間が異なるので、取扱説明書の指示に従い、様子を見ながら調理してください。

part.2　米粉の昼・夜ごはん

part.3　米粉のおやつ

米粉の種類について

「米粉」と一口に言っても、実はさまざまな種類があることをご存知でしょうか。
米粉のお菓子やパンを上手に作るには、米粉の「選び方」も大切な要素となってきます。

米粉の「種類」さえ知っておけば、失敗知らず！

米粉のレシピは難しい、という印象をもっている人は少なくないかもしれません。たしかに、「米粉でパンを作ってみたけど、ふくらまなかった」、「ケーキがういろうのようにかたくなった」という声をよく耳にします。その失敗の多くは、レシピやテクニックの問題ではなく、米粉の「種類」に原因があります。一見どれも同じように見える米粉ですが、実はひとつひとつ品種や製法が違っていて、それぞれに適切な扱い方があるのです。米粉の特徴さえつかめれば、特別なテクニックは必要ありません。（米粉の特徴について、詳しくはP.122）

大きな違いは「品種」と「製粉方法」

ご存知のように、米には「ササニシキ」や「アキタコマチ」のように、さまざまな品種が存在しています。たとえば、米粉のパンにはアミロース含有量が高く、粘りの少ない品種が向いています。また、製粉方法や粒子の細かさによっても吸水量が異なってくるため、仕上がりが大きく変わってきます。ふわふわとしたお菓子には、粒子が細かく吸水量の低い米粉が向いています。

よくある失敗とその原因

こういった米粉ごとの特徴を知らずに使うと、レシピ通りに作っても失敗してしまうことがあります。よくあるのが、ういろうのようにねっちり重たい生地になってしまうケース。これは吸水量の高い米粉を使ったことでレシピの分量では生地がまとまらず、水分を足しすぎてしまったことが原因です。このように、米粉は種類によって扱いが異なるということを頭に入れておきましょう。

本書で使用する米粉について

とは言え、すべての米粉の特徴を見極めるのは大変なこと。そこで、本書では
これさえそろえておけばOK！という、便利で入手しやすいふたつの米粉をご紹介します。

パン用米粉ミズホチカラ

購入先：富澤商店、熊本製粉ネットショップ

ひと昔前までは、米粉だけでパンを作ろうとする
とふくらみが悪く、グルテンパウダーなどを混ぜ
る必要がありました。しかし、製粉技術の向上に
より、最近ではパン向きの米粉がどんどん登場し
ています。特に「ミズホチカラ」という品種のパン用
米粉なら、米粉100％でふわふわのパンを作るこ
とができます。米粉パン初心者の方は、まずはミ
ズホチカラの米粉を使ってみるのがおすすめです。

共立食品 米の粉

購入先：スーパー、ネットショップなど

小麦粉よりはるかに細かい、超微粒子が特徴の米
粉。さまざまなスーパーや小売店で購入できる手
に入りやすさも魅力です。なめらかな口溶けで、
ふんわりと仕上げたいケーキにも適しています。
一方、チーズケーキやガトーショコラのような粉
の少ないお菓子や、粉もの以外の料理はどんな米
粉を使ってもあまり差はありません。

> 粉の少ないどっしり系お菓子や料理はどんな米粉を使ってもOK！
> スーパーなどで買えるその他の米粉については
> P.123で解説しています。

米粉の朝ごはん

もっちりしっとり、自然な甘さの米粉パンは、
子どもからご年配まで家族みんなが大好きな味。
基本はぐるぐると混ぜるだけなので、
パンを作ったことがない人でも大丈夫。
慣れてきたら、朝のすきま時間に作れます。
この章では、さまざまな米粉パンの他に、
クレープやパンケーキ、すいとんなど、
忙しい朝に活躍する「米粉の朝ごはん」をご紹介します。

基本の
米粉食パン

Rice Flour Bread

ふんわりもっちり、米の甘みを
感じられるシンプルな食パンです。
材料をボウルに入れたら、
あとはぐるぐる混ぜるだけ。
二次発酵も成形もしないので、
気軽に作れます。

材料（18cmパウンド型1台分）

A	米粉　200g
	推奨：パン用ミズホチカラ（P.13）
	砂糖　10g
	ドライイースト　4g
	塩　3g

ぬるま湯（約37℃）　160〜180g

植物油　10g

準備

・型にオーブン用シートを敷いておく。
・オーブン用シートを型の上部と同じ大きさに切っておく（くっつき防止フタ）。

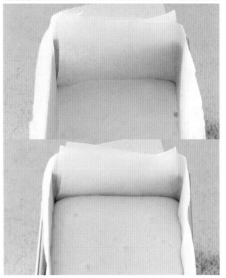

5

生地が1.5倍ほどの大きさにふくらんだら発酵完了。オーブンから取り出してラップを外す。

point 過発酵になると、膨らみすぎ、ハリのない状態に。生地が粗くなってしまうので発酵の様子はこまめにチェックしましょう。

2

ぬるま湯、植物油を加える。湯は一気に加えず調整用に少し残しておき、ゴムべらでよく混ぜる。

point 粉の種類や湿度によって水分量が変わるため、湯は調整しながら加えましょう。

3

水分量の目安は、生地をすくったときにリボン状に垂れるくらい。なめらかになり、ツヤが出るまで混ぜたら完了。

4

生地を型に流し入れ、ラップをしてオーブンの発酵機能（約35℃）で15〜30分発酵させる。

point 発酵機能がない場合は、温かい室温でもOKです。その場合も生地のふくらみ具合を目安に。

Q&A

アルミホイルをかけるのはなぜですか？

———

米粉のパンは乾燥に弱いので、そのまま焼くと表面がおせんべいのようにかたくなってしまいます。アルミホイルをかけると蒸し焼き状態になり、やわらかな焼き上がりに。最後に外して焼き色をつけます。

6

型にくっつき防止フタとアルミホイルをかぶせ、160℃に予熱したオーブンで10分焼き、温度を200℃に上げてさらに15分焼く。オーブンからいったん取り出し、フタをすべて外して焼き色がつくまで15分ほど焼く。

7

焼き上がったら型から外し、オーブン用シートをはがす。網の上で粗熱を取り、できあがり。

point 熱いうちに切ると、生地が包丁にへばりついてしまうので粗熱を取ってからカットしましょう。

米粉パンの保存について

ごはんをほうっておくとカピカピになってしまうのと同じように、米粉のパンは乾燥しやすいです。すぐ食べない場合は粗熱を取ってからスライスしてラップに包み、ジップロックなどの保存袋に入れて冷凍保存してください。1日程度なら冷蔵保存もOK。ですが、でんぷん質が劣化してかたくなってしまうので、なるべくは冷凍保存がおすすめです。

冷凍したパンの解凍について

ラップをしたまま自然解凍するか、電子レンジで軽く温めて解凍してください。手間はかかりますが、試してみてほしいのが蒸し器での温め直し。むっちりしっとり、焼き立てのおいしさがよみがえります。

余った米粉食パンの活用アイディア

うっかり米粉食パンを乾燥させてしまった……そんなときは、こんなふうに活用してみてください。

乾燥した米粉食パンをすりおろして、自家製米粉パン粉に。米粉は油の吸収率が低いので、揚げ物がサクッと軽やかに仕上がります。冷凍保存もOK。

余った米粉食パンをおやつのラスクにリメイク。5mmほどの厚さにスライスしたら、バターをぬって砂糖を振り、160℃のオーブンで7〜10分ほど焼いてできあがり。

黒ごま食パン Sesame Rice Bread

ごまの香りが芳ばしい、和風の米粉食パンです。サンドイッチにもぴったり。

材料(18cmパウンド型1台分)

A | 米粉 200g
　 推奨：パン用ミズホチカラ(P.13)
　 | 砂糖 10g
　 | ドライイースト 4g
　 | 塩 3g
　 | 黒ごま 大さじ1

ぬるま湯(約37℃) 160〜180g
ごま油 10g

準備

・型にオーブン用シートを敷いておく。

作り方

1 　ボウルにAを入れて泡立て器でよく混ぜる。

2 　基本の米粉食パンの作り方(P.16)の2〜7と同様に焼く。

ほうれん草食パン Spinach Rice Bread

米と野菜でできていると思うと、パン1枚の朝食でもしっかり安心感があります。

材料(18cmパウンド型1台分)

A | 米粉 200g
　 推奨：パン用ミズホチカラ(P.13)
　 | 砂糖 10g
　 | ドライイースト 4g
　 | 塩 3g

ぬるま湯(約37℃) 140〜160g
植物油 10g
ほうれん草 50g

準備

・型にオーブン用シートを敷いておく。
・ほうれん草はゆでてミキサーにかけるか、包丁でみじん切りにしておく。

作り方

1 　基本の米粉食パンの作り方(P.16)の2まで進めたら、ほうれん草を加えて混ぜる。

2 　基本の米粉食パンの作り方(P.16)の3〜7と同様に焼く。

トマト食パン Tomato Rice Bread

市販のトマトジュースを混ぜ込むだけで、こんなに色鮮やかな食パンに！

材料(18cmパウンド型1台分)

A | 米粉 200g
　 推奨：パン用ミズホチカラ(P.13)
　 | 砂糖 10g
　 | ドライイースト 4g
　 | 塩 3g

ぬるま湯(約37℃) 80〜100g
トマトジュース 80g
植物油 10g

準備

・型にオーブン用シートを敷いておく。
・トマトジュースは電子レンジで30秒ほど温め、人肌くらいの温度にしておく。

作り方

1 　ボウルにAを入れて泡立て器でよく混ぜる。

2 　ぬるま湯、トマトジュース、植物油を加える。湯は調整用に少し残しておき、ゴムべらでツヤが出るまでよく混ぜる。

3 　基本の米粉食パンの作り方(P.16)の4〜7と同様に焼く。

しらすチーズトースト
Shirasu and Cheese Toast

チーズ&しらすでカルシウム満点の
組み合わせ。おつまみにも◎。

材料（2枚分）

米粉食パン（1cm厚さにスライス）　2枚
しらす　適量
ピザ用チーズ　適量

作り方

米粉食パンにしらすをたっぷりとのせ、ピザ
用チーズを散らし、チーズが溶けるまでトー
スターで焼く。

みそマヨトースト
Miso and Mayonnaise Toast

米×みそでトースト版焼きおにぎり。
しみじみおいしい！

材料（2枚分）

米粉食パン（1cm厚さにスライス）　2枚
みそ　大さじ1/2
マヨネーズ　大さじ1

作り方

みそとマヨネーズをよく混ぜ、米粉食パンに
ぬる。みそマヨに焼き目がつくまでトースタ
ーで焼く。

海苔アボカドトースト

Nori and Avocado Toast

しょうゆ風味のアボカドペーストと、
カリもち米粉トーストの相性が抜群です。

材料（2枚分）

米粉食パン（1cm厚さにスライス）　2枚
アボカド　1/2個
A　｜　オリーブオイル　小さじ1
　　｜　レモン果汁　少々
　　｜　しょうゆ　少々
きざみ海苔　適量

作り方

ボウルにアボカドを入れてスプーンなどで
潰しAを加えてよく混ぜる。米粉食パンを
焼き目がつくまでトースターで焼き、アボカ
ドペースト、きざみ海苔をのせる。

たらこバタートースト

Tarako and Butter Toast

バターがじんわり染み込んだ米粉パンと
たらこの塩気。たまりません。

材料（2枚分）

米粉食パン（1cm厚さにスライス）　2枚
たらこ　20g
バター　20g
青ねぎ（小口切り）　適量

作り方

たらこは薄皮を除き、バターは常温に戻す
か電子レンジの低温モードで1分ほど温め
てやわらかくしておく。たらこ、バターをよく
混ぜ、米粉食パンにぬり広げる。パンに焼
き目がつくまでトースターで焼き、青ねぎを
散らす。

クロックムッシュ

Croque monsieur

米粉食パンにチーズと米粉ホワイトソースを
とろりとかけて、香ばしく焼き上げました。
休日のブランチにぴったり。

材料（2人分）

米粉食パン（1cm厚さにスライス）　4枚

ハム　2枚

溶けるスライスチーズ　4枚

〈ホワイトソース〉

バター　5g

米粉　大さじ1/2

牛乳　60g

塩・こしょう　少々

パセリ　あれば適量

作り方

1　ホワイトソースを作る。フライパンにバターと
　　米粉を入れて熱し、溶かし混ぜたら牛乳を加
　　え、とろみがつくまで加熱する。塩・こしょう
　　で味を調える。

2　米粉食パンにハムとチーズを1枚ずつ挟み、
　　上にホワイトソースと残りのチーズをのせてト
　　ースターで5分焼く。あればパセリを散らす。

にんじんポタージュ

Carrot Potage

卵
なし

米粉でやさしくとろみをつけた、
栄養満点のポタージュ。
にんじんの自然な甘さを味わえます。

材料（2人分）

玉ねぎ　1/2個（100g）

にんじん　1本（150g）

じゃがいも　1個（100g）

バター　10g

米粉　小さじ1

水、牛乳　各200g

コンソメ　小さじ1

塩、オリーブオイル　適量

作り方

1　野菜は皮をむき、薄くスライスする。鍋にバタ
　　ーと玉ねぎを入れ、透き通るまで炒める。

2　水とにんじん、じゃがいもを加える。米粉を水
　　小さじ2（分量外）で溶いて加え、野菜がやわら
　　かくなるまで弱火で煮る。ブレンダーかミキ
　　サーでかくはんし、牛乳、コンソメを加えて温
　　める。塩で味を調える。

3　器に注ぎ、好みでオリーブオイルを垂らす。

フレンチトースト

French Toast

卵液が染み込んだ米粉食パンは、むっちり、じゅんわり、魅惑の食感。
冷たくして食べるのもおすすめです。

材料（2人分）

米粉食パン（1cm厚さにスライス） 4枚
A ┃ 卵 1個
  ┃ 牛乳 100g
  ┃ 砂糖 大さじ1/2
  ┃ 塩 少々

バター（有塩） 20g
粉糖 少々

作り方

1 ボウルにAを入れ、泡立て器でよく混ぜる。

2 バットに1を移し、米粉食パンを5分ほど浸す（途中で裏返す）。

3 フライパンにバターを入れて熱し、パンを並べて焼き色がつくまで両面を焼く。

4 皿に盛り、粉糖を振りかける。

おそうざいパン

Stuffed Bread

乳
なし

おかずの残りをのせて焼くだけで、パン屋さんのようなおそうざいパンのできあがり。
米粉食パンと同じ生地で作れます。

材料 (直径10cmのマドレーヌ型4個分)

A 米粉 100g
　　推奨：パン用ミズホチカラ(P.13)
　　砂糖 5g
　　ドライイースト 2g
　　塩 1.5g

ぬるま湯 (約37℃) 80〜90g
植物油 5g
きんぴらごぼう 60g
マヨネーズ 適量
青ねぎ (斜め切り) 適量

point

米粉パンなので、海苔の佃煮やひじき煮など、和そうざいと相性抜群。ハム&チーズや、カニカマ&マヨなど、冷蔵庫にあるもので毎日楽しめます。

準備

・マドレーヌ型に油 (分量外) をぬっておく。

作り方

1　基本の米粉食パンの作り方(P.16)の3まで進めたら、マドレーヌ型に等分に流し入れ、天板に並べる。もう一枚の天板 (または大きめのバット) をかぶせ、1.5倍ほどの大きさにふくらむまでオーブンの発酵機能 (約35℃) で15〜30分発酵させる。

2　きんぴらごぼうをのせてマヨネーズをかけ、天板をかぶせて160℃に予熱したオーブンで10分、200℃で10分焼く。天板を取り、200℃で5分焼いて焼き色をつける。粗熱が取れたら青ねぎを散らす。

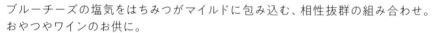 ※マヨネーズをかけないと乾燥するので、苦手であればオリーブオイルなどをぬる。

ハニーチーズパン

Honey and Cheese Bread

卵
なし

ブルーチーズの塩気をはちみつがマイルドに包み込む、相性抜群の組み合わせ。
おやつやワインのお供に。

材料 (直径10cmのマドレーヌ型4個分)

A 米粉 100g
　　推奨：パン用ミズホチカラ(P.13)
　　砂糖 5g
　　ドライイースト 2g
　　塩 1.5g

ぬるま湯 (約37℃) 80〜90g
植物油 5g
ブルーチーズ 80g
はちみつ 30g
粗びき黒こしょう 適量

point

おすすめのスイーツ系トッピング
チョコ&ナッツ、ジャム&クリームチーズ、あんこ&バター、ピーナッツバター&バナナ

準備

・マドレーヌ型に油 (分量外) をぬっておく。
・ブルーチーズは1cm角に切り、はちみつと混ぜておく。

作り方

1　基本の米粉食パンの作り方(P.16)の3まで進めたら、マドレーヌ型に等分に流し入れ、天板に並べる。もう一枚の天板 (または大きめのバット) をかぶせ、1.5倍ほどの大きさにふくらむまでオーブンの発酵機能 (約35℃) で15〜30分発酵させる。

2　天板をかぶせて160℃に予熱したオーブンで10分、200℃で10分焼く。天板を取り、ブルーチーズをのせ200℃で5分焼く。粗熱が取れたら粗びき黒こしょうを散らし、好みではちみつ (分量外) をかける。

1

ボウルに**A**を入れて泡立
て器でよく混ぜる。

point 米粉はふるわずに使えま
す。ドライイーストがしっかり全体
に分散するまで混ぜればOKです。

基本の
フライパンパン

Skillet Rice Bread

焼きも発酵もフライパンまかせ。
オーブンを使わない、
究極に楽ちんな米粉パンです。
外側のカリッとした食感と、
中のふんわり感が楽しめます。
アウトドアにも最適！

材料（18cmフライパン1個分）

A	米粉　200g
	推奨：パン用ミズホチカラ（P.13）
	砂糖　10g
	ドライイースト　4g
	塩　3g

ぬるま湯（約37℃）　160〜180g
植物油　10g

準備

・オーブン用シートをフライパンの直径
よりふたまわりほど大きい円状に切って
おく。

5

生地が1.5倍ほどにふくら
んだら発酵完了。フタをし
たまま弱火で10分焼く。

point 過発酵になると、膨らみす
ぎ、ハリのない状態に。生地が粗
くなってしまうので発酵の様子は
こまめにチェックしましょう。

2

ぬるま湯、植物油を加える。湯は調整用に少し残しておき、ツヤが出るまでゴムべらでよく混ぜる。

point 生地をすくったとき、リボン状に垂れるくらいの状態になるよう、水分量を調整します。

3

フライパンにオーブン用シートを敷き、生地を流し入れてフタをする。

point オーブン用シートが大きすぎると火が燃え移るおそれがあるため、フライパンから出ないようにカットしておきましょう。

4

10秒ほど弱火にかけ、フライパンが触れるくらいほんのり温かくなったら火を止め、そのまま15~25分発酵させる。

point フライパンが冷えてしまったら、再度火にかけて温めます。

Q&A

底が焦げてしまった。or
焼き色がつかなかった。

———

フライパンの材質や、コンロの火力によって焼き時間が変わってきます。ある程度火が通ったらフライ返しで持ち上げ、焼き色を確認しながら火加減を調整してください。

6

フチの生地がオーブン用シートからはがれるようになったら、軍手をはめてシートごと取り出す。シートをはがして底を持ち、はがしたシートを上にかぶせたらひっくり返してフライパンに戻す。

7

フタをして弱火で10分焼く。こんがりとした焼き色がついたらできあがり。

point 熱いうちに切ると、生地が包丁にへばりついてしまうので粗熱を取ってからカットしましょう。

枝豆コーンのフライパンパン

Edamame and Corn Skillet Bread

卵乳
なし

もちもちの生地に、コーンと枝豆のプチッとした食感。
シンプルだけど、ハマります。

材料（18cmフライパン1個分）

A　米粉　200g
　　推奨：パン用ミズホチカラ(P.13)
　　砂糖　15g
　　ドライイースト　4g
　　塩　5g

ぬるま湯（約37℃）　160〜180g
植物油　10g
枝豆（さやから出した状態）　50g
コーン　50g

準備

・オーブン用シートをフライパンの直径よりふたまわりほど大きい円状に切っておく。

作り方

1　基本のフライパンパンの作り方(P.28)の2まで進めたら、枝豆、コーンを加えて混ぜる。

2　基本のフライパンパンの作り方(P.28)の3〜7と同様に焼く。

紅茶シナモンのフライパンパン

Black tea and Cinnamon Skillet Bread

卵乳
なし

米粉は素材の香りを邪魔しないので、紅茶とシナモンがキリッと引き立ちます。
チャイ風味で朝食にぴったり。

材料（18cmフライパン1個分）

A　米粉　200g
　　推奨：パン用ミズホチカラ(P.13)
　　砂糖　20g
　　ドライイースト　4g
　　塩　3g
　　紅茶の葉　4g（ティーバッグの中身）
　　シナモンパウダー　3g

ぬるま湯（約37℃）　150〜170g
植物油　10g

準備

・オーブン用シートをフライパンの直径よりふたまわりほど大きい円状に切っておく。

作り方

1　ボウルにAを入れて泡立て器でよく混ぜる。

2　基本のフライパンパンの作り方(P.28)の2〜7と同様に焼く。

抹茶あずき蒸しパン

Matcha and Azuki Steamed Bread

ほろ苦い抹茶の香りと、あずきのやさしい甘さ。
蒸したてのほかほかはもちろん、冷めてもおいしいです。

材料（プリン用カップ4個分）

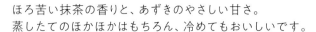

A	米粉　100g
	 推奨：パン用ミズホチカラ（P.13）
	砂糖　30g
	ベーキングパウダー　小さじ1
	抹茶パウダー　3g
B	水　60g
	植物油　15g
	塩　ひとつまみ

ゆであずき（缶詰）　40g

準備

・フライパンに水を1cmほど張り、湯気が出るまで熱しておく。

・プリン用カップやマグカップに型紙（アルミカップ、グラシン紙など）を敷いておく。

・ゆであずきは汁気をきっておく。

作り方

1 ポリ袋にAを入れて口を閉じ、振りながら均一になるまで混ぜる。

2 ボウルにBを入れ、泡立て器でよく混ぜる。1を加えてゴムべらでツヤが出るまで手早く混ぜ、容器に分け入れる。ゆであずきを分けてのせる。

3 湯気がたったフライパンに2を並べてフタをする。強めの中火にかけ、12分ほど蒸す。

卵ソーセージ蒸しパン

Egg and Sausage Steamed bread

乳 なし

ゴロゴロ入った卵＆ソーセージでボリューム満点。
ラップにくるんで冷凍しておけば、忙しい朝に大活躍します。

材料（プリン用カップ4個分）

A｜ 米粉　100g
　　推奨：パン用ミズホチカラ（P.13）
　　 砂糖　20g
　　 ベーキングパウダー　小さじ1

B｜ 水　75g
　　 植物油　15g
　　 塩　ひとつまみ

ソーセージ（輪切り）　4本分
ゆで卵（スライス）　1個分
ケチャップ　適量

準備

・フライパンに水を1cmほど張り、湯気が出るまで熱しておく。
・プリン用カップやマグカップに型紙（アルミカップ、グラシン紙など）を敷いておく。

作り方

1　ポリ袋にAを入れて口を閉じ、振りながら均一になるまで混ぜる。

2　ボウルにBを入れ、泡立て器でよく混ぜる。1を加えてゴムべらでツヤが出るまで手早く混ぜ、容器に分け入れる。ソーセージとゆで卵を分けてのせる。

3　湯気がたったフライパンに2を並べてフタをする。強めの中火にかけ、12分ほど蒸す。好みでケチャップを添える。

米粉パンケーキ
Rice Flour Pancake

ふんわり、もっちり、何枚でも食べたくなるやさしい甘さのパンケーキです。
ベーコンや卵など、食事系のトッピングも合いますよ。

材料（直径12cm 5枚分）

A	米粉　150g
	推奨：共立食品 米の粉（P.13）または
	ふんわり系米粉（P.123）
	砂糖　20g
	ベーキングパウダー　4g
B	卵　1個
	牛乳　60g〜
	塩　ひとつまみ

植物油　適量
バター、シロップ　適量

作り方

1　ポリ袋にAを入れて口を閉じ、振りながら均一になるまで混ぜる。

2　ボウルにBを入れ、泡立て器でよく混ぜる。1を加えてゴムべらでツヤが出るまで手早く混ぜる（もったりしていたら、トロッとするまで牛乳を足す）。

3　フライパンに植物油を薄くぬって熱し、温まったら火から下ろしてぬれ布巾の上に5秒ほど置いて冷ます。ふたたび中火にかけ、2をお玉で1杯分流し入れてフタをする。

4　表面にふつふつと泡が出てきたら上下を返す。フタをして1分ほど焼き、焼き色がついたら皿に盛る。好みでバターとシロップを添える。

point
余ったパンケーキは、ぴっちりとラップで包んで冷凍保存可能。食べるときはラップをしたまま電子レンジで1分ほど温めれば、ふんわり感が復活します。

米粉ベーグル

Rice Flour Bagel

卵
なし

豆腐を加えた米粉生地を一度ゆでてから焼くことで、もっちりとかみ応えのあるベーグルに。
ジャムやクリームチーズを添えたり、サンドイッチにも。

材料（2個分）

米粉　100g
推奨：パン用ミズホチカラ（P.13）
ドライイースト　2g
砂糖　5g
ぬるま湯（約37℃）　10g
A 　絹ごし豆腐　80g
　　植物油　5g
　　塩　2g
ジャム、クリームチーズ　あれば適量

準備

・オーブン用シートを約12cm四方に切ったものを2枚用意する。

作り方

1　ぬるま湯にドライイースト、砂糖を入れ溶かし混ぜる。

2　ボウルにAを入れて泡立て器でよく混ぜ、1と米粉を加えて全体がよく混ざるまで手でこね、耳たぶくらいのかたさの生地を作る（かたければ水を足す）。[a]

3　生地を2分割する。転がして棒状にのばし、端をくっつけて輪っかにする。

4　天板に12cm四方のオーブン用シートを敷いて3をのせ、水で濡らしたペーパータオルをかぶせてラップをする。生地が少しふくらむまでオーブンの発酵機能（約35℃）で20〜30分ほど発酵させる。

5　深めのフライパンに湯を沸かして砂糖大さじ1（分量外）を入れ、4をオーブン用シートごとそっと入れる。お玉で湯をかけながら30秒ほどゆでる。[b]

6　天板にオーブン用シートを敷いて5を並べ、180℃に予熱したオーブンで焼き色がつくまで20分ほど焼く。好みでジャムやクリームチーズを添える。

point [a]
生地がボウルからきれいに外れ、耳たぶくらいのかたさになれば○K。豆腐によって水分量が異なるので、かたいようなら水を適量加えてください。

point [b]
生地を一度ゆでることで、ベーグル独特のもっちり感とツヤが出ます。表面の生地にも湯をかけながらゆでましょう。

サラダクレープ

Rice Flour Crepe

米粉のクレープは、生地を寝かせる必要がないので忙しい朝でも
ササッと作れます。好きな具材をくるんで、大きな口でめしあがれ。

材料（26cmフライパン4枚分）

米粉　100g
推奨：共立食品 米の粉（P.13）または
ふんわり系米粉（P.123）

A　｜　砂糖　20g
　　｜　卵　1個
　　｜　牛乳　150g
　　｜　植物油　適量

レタス　4枚
きゅうり　1本
トマト　1/2個
ツナ缶　1缶
マヨネーズ　適量

作り方

1　レタスは適当な大きさにちぎる。きゅうりは斜め薄切りに、トマトは薄く切る。ツナ缶は汁気をきる。

2　ボウルにAを入れて泡立て器でよく混ぜ、米粉を加えてさらに混ぜる。

3　フライパンに植物油（分量外）を薄くぬって熱し、生地を1/4量流し入れる。薄く広げて中火で焼き、表面が乾いてきたら竹串などで裏返し、さっと焼く。

4　生地に具とマヨネーズをのせ、折りたたむ。

米粉すいとん

Rice Flour Dumpling

卵｜乳
なし

もっちもちで食べ応え抜群。昨晩の残りのみそ汁に
すいとんを落とすだけでも、立派な朝ごはんになりますよ。

材料（4人分）

〈すいとん生地〉
米粉　50g
片栗粉　大さじ1
熱湯　40g

豚こま肉　100g
かぼちゃ　100g
しいたけ　2枚
長ねぎ　1/2本

だし汁　600g
しょうゆ　小さじ1
塩　小さじ1/2

作り方

1 豚こま肉は一口大に切る。かぼちゃは小さめの一口
　大に切り、しいたけは軸を落とし薄切り、長ねぎは斜
　め薄切りにする。

2 鍋にだし汁としょうゆ、塩、野菜を入れ火にかける。
　沸騰したら豚こま肉を加え、あくが出たら取り除く。
　フタをして弱火で10分ほど煮込む。

3 すいとん生地を作る。ボウルに米粉と片栗粉を入れ、
　泡立て器でよく混ぜる。熱湯を加えてゴムべらで混
　ぜ、手で触れるくらいの温度になったらこねてひとま
　とめにする。

4 生地を一口大に取り、平たくのばして鍋に入れてい
　く。生地が浮いてきたら火を止め、器に盛る。

米粉グラノーラ（シナモン・抹茶）

Rice Flour Granola

米粉をまとわせたグラノーラは、カリカリ感がいつまでも長持ち。
朝ごはんや、小腹がすいたときのおやつにぴったりです。

材料（天板1枚分）

A｜オートミール　100g
　｜米粉　30g
　｜砂糖　30g
　｜塩　小さじ1/2

植物油　30g
好みのナッツ　50g
レーズン　50g
シナモンパウダー
　または抹茶　小さじ1

準備

・ナッツを粗くきざんでおく。
・オーブンを160℃に予熱する。

作り方

1　ボウルにAの材料を入れて泡立て器でよく混ぜ、植物油を加えてさらに混ぜる。

2　天板にオーブン用シートを敷き、1を広げ160℃のオーブンで15分焼く。いったん取り出してボウルに戻し、水大さじ2（分量外）とナッツを加えてざっくりと混ぜ、ふたたび天板に広げて15分焼く。

3　温かいうちにレーズンとシナモンパウダー（または抹茶）を加えよく混ぜる。

point
完全に冷めたら密閉容器または密閉袋に入れ、常温で5〜7日、冷凍庫で1ケ月ほど保存可能。冷たい牛乳やヨーグルトに入れて、もちろんそのまま食べてもおいしいです。

米粉パンの生地に保形性をもたせるために、サイリウムハスクを加えます。ほんの少し加えるだけでトロトロの生地がまとまり、自由な形に成形できるように。

基本の
米粉成形パン

卵乳なし

Shaped Rice Flour Bread

米粉パン生地で成形パンを
作ってみましょう。
特別な材料がひとつ必要ですが、
作り方自体はとても簡単。
作れるようになると、
米粉パンの幅がグンと広がります。

材料（4個分）

A　米粉　100g
　　推奨：パン用ミズホチカラ（P.13）
　　片栗粉　10g
　　砂糖　10g
　　サイリウムハスク　3g
　　ドライイースト　2g
　　塩　1.5g
ぬるま湯（約37℃）　100g
植物油　10g

> **「サイリウムハスク」とは？**
> オオバコ科の植物の種子の外皮を粉状にしたもの。食物繊維を多く含み、保水性・膨張性に優れている。ドラッグストアなどで購入可能。

4

霧吹きで水を生地全体に
吹きかける。

point　生地の乾燥防止に霧吹きをかけます。全体がうっすらと湿ればOKです。

1

ボウルにAを入れて泡立て器でよく混ぜる。

point 他のパンと同様に、ふるわず泡立て器で混ぜ合わせれば準備OK。

2

ぬるま湯、植物油を加え、ゴムべらでよく混ぜる。まとまってきたら、なめらかになるまで手でこねる。

point ボウルから粉がきれいにはがれないようだったら、水分が足りないので水を足して調整します。

3

生地を4等分し、丸く成形する。オーブン用シートを敷いた天板に並べる。

point 手のひらで転がすようにやさしく丸めます。

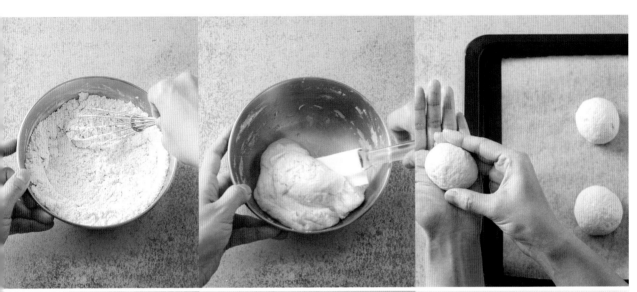

Q&A

サイリウムハスクはパン以外にも使える？

――――

サイリウムハスクは食物繊維が豊富なことから、ダイエット食材として人気です。味がないので、みそ汁やスープに入れてもOK。食後血糖値の上昇防止や、便秘解消に効果があると言われています。

5

オーブンの発酵機能(約35℃)で15〜25分発酵させる。生地がひとまわり大きくなったら発酵完了。

6

220℃に予熱したオーブンで10〜12分焼く。

米粉あんパン
Rice Flour Ann Bread

カリッと焼けた表面の食感と、しっとり甘いあんこがたまらない組み合わせ。
焼きたてのおいしさをぜひ！

材料（4個分）

基本の米粉成形パンの
　生地（P.42）　4個分
あんこ　120g
黒ごま　適量

作り方

1　基本の米粉成形パンの作り方（P.42）の2まで進めた
　ら、生地を4分割し指で丸く広げ、中心にあんこをの
　せて包み込む。閉じた面の反対側を上にして水を少
　量ぬり、黒ごまをのせる。

2　基本の米粉成形パンの作り方（P.42）の5〜6と同様に
　焼く。

米粉ベーコンエピ
Rice Flour Bacon epi

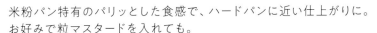

米粉パン特有のパリッとした食感で、ハードパンに近い仕上がりに。
お好みで粒マスタードを入れても。

材料（2本分）

基本の米粉成形パンの
　生地（P.42）　4個分
ベーコン　2枚

作り方

1　基本の米粉成形パンの作り方（P.42）の2まで進めた
　ら、生地を2分割し、めん棒で20×10cmほどの長方
　形にのばす。中心にベーコンをのせて端からきつめ
　に巻き、巻き終わりを指でつまんで閉じる。[a]

2　天板にオーブン用シートを敷き1を並べ、キッチンば
　さみで斜めに切り込みを入れていく。[b]

3　全体に霧吹きをかけ、オーブンの発酵機能（約35℃）
　で1.5倍ほどの大きさにふくらむまで15〜25分発酵さ
　せる。170℃に予熱したオーブンで30分ほど焼く。

point [a]
巻き具合がゆるいとすき間が空いて
しまうので、ひと巻きするたびに生
地を手前に締める感覚で。

point [b]
切り込みを入れるたびに斜めにずら
し、左右交互にして麦の穂のような
形を作ります。

米粉チーズドッグ

Rice Flour Cheese dog

びよ〜んとどこまでものびるチーズは、
子どもウケ間違いなし。
米粉のパン粉は油っぽくならないので、
大人もあっさり食べられます。

材料（4個分）

基本の米粉成形パンの
　生地（P.42）　4個分
さけるチーズ　4本
米粉パン粉（P.19）　適量
揚げ油　適量
ケチャップ　適量

作り方

1　基本の米粉成形パンの作り方（P.42）の2まで進める。

2　生地を4分割し、めん棒でさけるチーズが包める大きさまでのばす。チーズを包み込み、巻き終わりを指でつまんで閉じる。

3　天板にオーブン用シートを敷き、2を並べて全体に霧吹きをかける。オーブンの発酵機能（約35℃）で1.5倍ほどの大きさにふくらむまで15〜25分発酵させる。

4　ハケなどで水を全体に薄くぬり、米粉パン粉をまぶす。揚げ油を160℃に熱し、きつね色になるまで揚げる。網に上げて油をきり、好みでケチャップを添える。

point
チーズが溶け出さないように、生地でしっかり包み込んで巻き終わりは指で閉じてください。

米粉肉まん

Rice Flour Meat Bun

ジューシーな肉だねを、もっちり
ふかふかの米粉生地が受け止めます。
肉汁の染み込んだ生地が
最高においしい！

材料（8個分）

基本の米粉成形パンの
　生地（P.42）　8個分（倍量）
〈肉だね〉
豚ひき肉　100g
長ねぎ（みじん切り）　15cm分
にら（みじん切り）　5本分
ごま油　大さじ1/2
米粉　大さじ1
しょうゆ　小さじ1
塩・こしょう　少々

作り方

1　基本の米粉成形パンの倍の分量で、作り方（P.42）の2まで進める。肉だねの材料をボウルに入れて粘りが出るまで混ぜ合わせる。

2　生地を8分割し、めん棒で手のひらほどの大きさに丸くのばす。中心に肉だねをのせて包み込み、ひだを寄せながら閉じる。

3　天板にオーブン用シートを敷き、2を並べて全体に霧吹きをかける。オーブンの発酵機能（約35℃）で1.5倍ほどの大きさにふくらむまで15〜25分発酵させる。

4　10cm角のオーブン用シートにのせ、湯気がたった蒸し器に入れて10分蒸す。

point
生地を持つ手を回しながら、反対の手でひだを寄せていくときれいな形に。最後にしっかりつまんで閉じましょう。

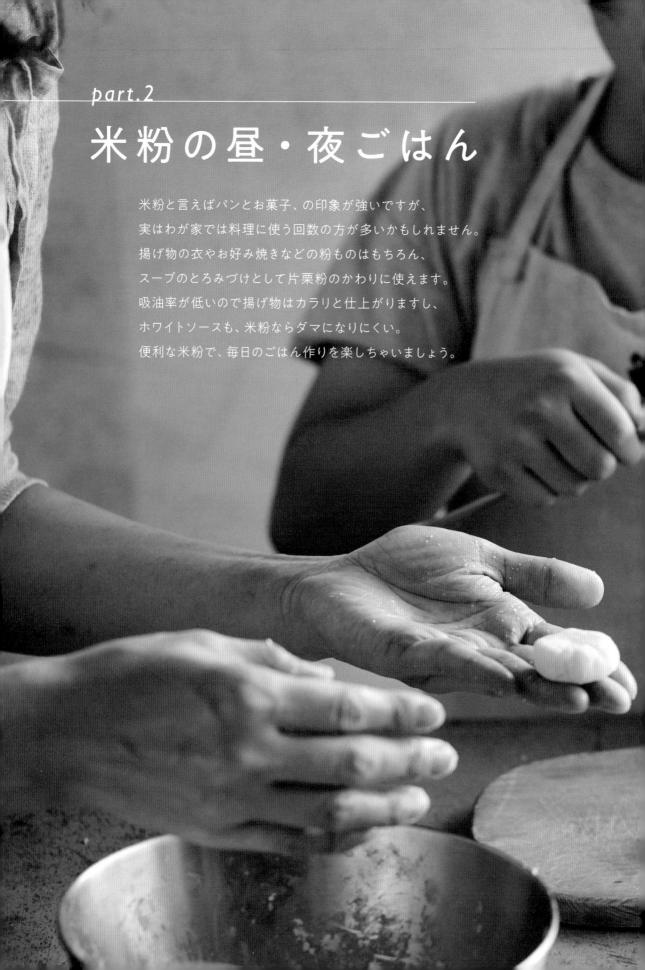

part.2

米粉の昼・夜ごはん

米粉と言えばパンとお菓子、の印象が強いですが、
実はわが家では料理に使う回数の方が多いかもしれません。
揚げ物の衣やお好み焼きなどの粉ものはもちろん、
スープのとろみづけとして片栗粉のかわりに使えます。
吸油率が低いので揚げ物はカラリと仕上がりますし、
ホワイトソースも、米粉ならダマになりにくい。
便利な米粉で、毎日のごはん作りを楽しちゃいましょう。

基本の 米粉うどん

Rice Flour Noodle

わが家のランチの定番と言えば、
もっちりつるつるな米粉うどん。
踏んだりこねたりする
手間もいらず、気軽に作れます。
うどんらしいコシもあって、
満足感&腹持ちばっちりです。

材料（2人分）

A	米粉　150g
	推奨：パン用ミズホチカラ（P.13）
	片栗粉　45g
	塩　小さじ1/2
熱湯	125g

5

包丁で5mmほどの幅に切る。

point 1cmに切ってほうとう風にするのもおすすめです。小麦粉の麺より切れやすいので、折りたたまずにそっと扱ってください。

2

熱湯を加え、ゴムべらで混ぜる。

point 熱湯を加えることで、のりの役割になり生地がつながります。

3

生地が手で触れるくらいの温度になったら、こねてひとまとめにする。

point 小麦粉のうどんのように、ひたすら踏んだりこねたりする必要はありません。しっかり水分がなじんで、ボウルから粉がきれいにはがれるようになればOK。

4

台に米粉(分量外)を少量振り、生地をめん棒で薄くのばす。

point 0.8mmくらいの厚さが、食感がほどよく、火も通りやすいのでおすすめです。

Q&A

麺がぶちぶちと切れてしまいました。

—————

米粉生地は小麦粉生地よりもデリケート。そっと扱うのがきれいにゆで上げるコツです。切るときは折りたたまず、ゆでるときも箸でかき混ぜすぎないようにしましょう。水をきるときもやさしく扱ってください。

6

鍋にたっぷりの熱湯を沸かし、1~2分ほどゆでる。

point 湯が沸騰していないと麺が溶けてしまうので、かならずぐつぐつと沸騰させたところに入れてください。

7

麺が浮いてきたらザルに上げ、冷水にさらす。水気をきってから器に盛る。

point しっかり冷水でしめることで、もっちり感とコシがUPします。

サラダうどん

Rice Flour Noodle Salad

つるっとのどごしのいい米粉うどんは、冷やして食べるのもおすすめです。
卵をさけている人は、ぜひ豆乳マヨも作ってみてください。

材料（2人分）

基本の米粉うどん（P.50）　2人分
ツナ缶　1缶
かに風味かまぼこ　7〜8本
きゅうり　1/2本
ミニトマト　4個

A　麺つゆ（ストレート）　大さじ2
　　豆乳マヨネーズ　大さじ2

作り方

1　ツナ缶は汁気をきり、かに風味かまぼこはざっくりと
　　ほぐす。きゅうりは千切りに、ミニトマトは半分に切る。

2　冷水でしめた米粉うどんを皿に盛り具をのせ、Aを
　　混ぜてかける。

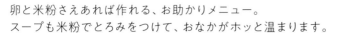
豆乳マヨネーズの作り方

無調整豆乳50g、植物油100g、酢大さじ
1、塩小さじ1/2、砂糖小さじ1/2を容器
に入れ、ブレンダーでかくはんする。

卵あんかけうどん

Rice Flour Noodle in Starchy Sauce

卵と米粉さえあれば作れる、お助かりメニュー。
スープも米粉でとろみをつけて、おなかがホッと温まります。

材料（2人分）

基本の米粉うどん（P.50）　2人分
長ねぎ　1/2本
溶き卵　2個分

A　水　400g
　　麺つゆ（濃縮2倍）　50g
　　みりん　大さじ1
　　しょうゆ　大さじ1

B　米粉　大さじ1
　　水　大さじ2

作り方

1　長ねぎは薄く斜めに切る。Bは合わせて水溶き米粉
　　を作る。

2　鍋にAを入れて中火にかけ、ひと煮立ちしたら長ね
　　ぎを加える。

3　水溶き米粉を加え、とろみがついたら溶き卵を回し
　　入れ、うどんを加えてさっと煮る。

米粉餃子

Rice Flour Gyoza

焼き目はカリッと、皮はもっちり。そんな理想の餃子を作りたいなら、ぜひ一度は
米粉餃子を手作りしてみて。想像以上のおいしさと作りやすさに、ハマってしまうはず!

材料（15個分）

A　米粉　100g
　　推奨：パン用ミズホチカラ（P.13）
　　片栗粉　40g
　　もち粉　40g
　　砂糖　5g
　　塩　3g

熱湯　115g

B　豚ひき肉　100g
　　キャベツ（みじん切り）　60g
　　にら（みじん切り）　30g
　　おろしにんにく・おろししょうが
　　　各小さじ1/2
　　しょうゆ　小さじ1/2
　　オイスターソース　小さじ1
　　ごま油　小さじ1

作り方

1　具を作る。ボウルにBをすべて入れ、粘り気が出るま
　　でよく混ぜる。

2　別のボウルにAを入れて泡立て器でよく混ぜる。

3　2に熱湯を加えてゴムべらで混ぜ、手で触れるくらい
　　の温度になったらこねてひとまとめにする。

4　15等分にして丸め、手でのばし8cmほどの円形にす
　　る。[a] 具をのせて包み、フチを指でつまんでしっか
　　りと閉じる。[b]

5　フライパンにごま油（分量外）をひいて中火で熱し、餃
　　子を並べる。餃子の1/3ぐらいの高さまで熱湯（分量
　　外）を注ぎ、フタをして蒸し焼きにする。水分がなく
　　なったらフタを取って強火にし、焼き色がつくまで焼
　　く。

point [a]
皮は温かいうちにのばすのがコツ。
いびつでも包めば案外さまになるの
で、気楽にのばしていきましょう。

point [b]
手作りの皮はやわらかいので、水を
つけなくても指でつまむだけでしっ
かり閉じられます。

お好み焼き

Rice Flour Okonomiyaki

米粉の生地はふんわり軽く仕上がるので、誰でもお好み焼き名人になれちゃいます。
キャベツたっぷり、お肉も入って栄養満点。

材料（2枚分）

豚ばら肉　150g
卵　2個
水　100g
和風だし（顆粒）　小さじ1/2
米粉　150g
長芋　100g
キャベツ　150g
コーン、ピザ用チーズ　各50g

植物油、ソース、マヨネーズ、
青のり、かつお節　適量

作り方

1　豚ばら肉は10cm幅に切る。長芋はすりおろし、キャベツは粗みじん切りにする。

2　ボウルに卵を溶きほぐし、水と和風だし、米粉、長芋を加えてよく混ぜる。キャベツ、コーン、ピザ用チーズを加えざっくりと混ぜる。

3　フライパンに植物油をひいて中火で熱し、生地を半量流し入れて丸く広げ、豚ばら肉を半量のせる。

4　フタをして3〜4分蒸し焼きにする。ひっくり返し、裏面も3〜4分焼いたら皿に盛り、好みでソース、マヨネーズ、青のり、かつお節をのせる。

たこ焼き

Rice Flour Takoyaki

乳
なし

あつあつを頬張ると、カリッ＆トロ〜ッととろけます。
ソーセージやうずらの卵、チーズなど、いろんな具で作るのも楽しい。

材料（32個分）

A　米粉　200g
　　卵　2個
　　水　500g
　　和風だし（顆粒）　小さじ1

ゆでだこ（一口大）　200g
天かす　20g
青ねぎ（小口切り）　1/2わ分

植物油、ソース、マヨネーズ、
青のり、かつお節　適量

作り方

1　ボウルにAを入れて泡立て器でよく混ぜ、生地を作る。

2　たこ焼き器に植物油をひいて熱し、生地を流し入れ、ゆでだこ、天かす、青ねぎを入れる。

3　まわりがかたまってきたら、ひっくり返しながら丸く焼く。皿に盛り、好みでソース、マヨネーズ、青のり、かつお節をのせる。

キーマカレー

Keema Curry

卵乳
なし

みじん切りにした野菜をたっぷり加えた、栄養満点のキーマカレー。
米粉でとろみをつけると、あっさりと食べやすいカレーになります。

材料(2人分)

豚ひき肉　200g
玉ねぎ　1/2個
にんじん　1/2本
パプリカ　1個
ピーマン　1個
にんにく、しょうが　各1片
オリーブオイル　小さじ1

A　ケチャップ　大さじ2
　　カレー粉　大さじ1
　　水　大さじ2
　　ウスターソース　大さじ1
　　しょうゆ　小さじ1
　　塩　小さじ1/2
　　こしょう　少々
　　米粉　小さじ1

作り方

1　玉ねぎ、にんじん、パプリカ、ピーマンを粗みじん切りにする。にんにく、しょうがをみじん切りにする。

2　フライパンにオリーブオイルとにんにく、しょうがを入れて熱し、香りが出たら玉ねぎを加えて炒める。玉ねぎが透き通ったら豚ひき肉を加えて炒め、色が変わったら残りの野菜を加えしんなりするまで炒める。

3　Aを加え、しっかり混ざるまで炒め合わせる。

米粉ナン

Rice Flour Naan

卵乳
なし

基本の米粉成形パンの生地を、フライパンで発酵させてそのまま焼くだけのお手軽ナン。
カレーはライス派、の人にもご満足いただけるはず。

材料(2人分)

基本の米粉成形パンの
　生地(P.42)　4個分

作り方

1　基本の米粉成形パンの作り方(P.42)の2まで進めたら、生地を2等分にして丸め、めん棒で楕円状にのばす。

2　フライパンにオーブン用シートを敷き、生地をのせて弱火で10分ほど焼く。焼き色がついたら裏返して同様に10分焼く。

point
米粉成形パンの生地をのばしてナン風に。もっちりした食感と米の味わいが、カレーとよく合います。

フライドチキン

Fried Chicken

ジューシーなフライドチキンも、油ぎれのよい米粉で作ると胃もたれしません。
手づかみしてガブリと豪快に食べたい!

材料（2~3人分）

作り方

鶏もも肉　2枚

A　米粉　50g
　　卵　1個
　　牛乳　50g
　　おろしにんにく　小さじ1
　　おろししょうが　小さじ1

B　米粉　50g
　　コンソメ　小さじ1
　　塩　小さじ1

揚げ油　適量

1　鶏もも肉は3等分に切り、Aを混ぜた溶液に10分ほど漬ける。

2　Bをバットなどで混ぜ、1を入れてしっかりとまぶす。深めのフライパンに揚げ油を熱し、160℃で5分揚げ、いったん取り出して5分置いて余熱を通す。180℃に上げてさらに2分揚げ、網に上げて油をきる。

フライドポテト

Fried Potato

卵｜乳
なし

薄づきの米粉衣で、じゃがいもの味を引き立てながら食感はクリスピーに。
冷たい油からじっくり揚げるのがポイントです。

材料（2~3人分）

作り方

じゃがいも　2個
米粉　大さじ2
塩　適量
揚げ油　適量

1　じゃがいもは皮付きのままよく洗う。8等分のくし切りにし、水で洗ってぬめりを取る。キッチンペーパーで水分をふき取り、全体に米粉をまぶす。

2　深めのフライパンに揚げ油を注ぎ、1を入れて中火にかける。何度か混ぜながら、こんがりするまで揚げる。網に上げて油をきり、皿に盛って塩を振る。

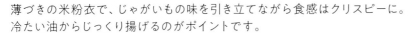

チキンクリームシチュー

Chicken Cream Stew

卵
なし

米粉のホワイトソースなら、小麦粉のようにダマにならないので簡単&失敗知らず。
冷蔵庫にある食材であっという間に作れます。

材料(2人分)

鶏もも肉　1枚
玉ねぎ　1個
にんじん　1/2本
じゃがいも　2個
バター　30g
米粉　大さじ4
水　200g
コンソメ　小さじ2
牛乳　300g
塩・こしょう　適量
パセリ　あれば適量

作り方

1　鶏もも肉は一口大に切り、塩・こしょう各少々を振る。玉ねぎはくし切りにし、にんじん、じゃがいもは一口大の乱切りにする。

2　鍋にバターを入れて火にかけ、溶けたら玉ねぎを加え透き通るまで炒める。鶏もも肉と米粉を加え、肉の色が変わるまで炒める。

3　水、コンソメ、残りの野菜を加え、野菜に火が通るまで15分ほどフタをして弱火で煮る。牛乳を加え、塩・こしょうで味を調える。器に盛り、好みでパセリを散らす。

クリームドリア

Cream Doria

卵
なし

余ったシチューは、ごはんにかけてチーズをのせればごちそうに!

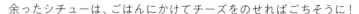

材料(2人分)

シチュー　適量
ごはん　2人分
ピザ用チーズ　100g

作り方

耐熱容器にごはんを盛り、シチューをかけてピザ用チーズをのせ、トースターで焼き目がつくまで加熱する。

米粉ミートパスタ

Pasta with Meat Sauce

卵 乳
なし

米粉なら、憧れのもちもち生パスタも簡単に作れます。しっかりかみ応えがあるので、
食べすぎ防止にも。オイルベースやクリームベースなど、どんなソースとも相性◎です。

米粉パスタの材料（2人分）

米粉　100g
推奨：パン用ミズホチカラ（P.13）
片栗粉　40g
塩　ひとつまみ
熱湯　120〜130g

米粉パスタの作り方

1　ボウルに米粉、片栗粉、塩を入れて泡立て器で混ぜ
　　る。熱湯を加えたらゴムべらで混ぜ、触れるくらいの
　　温度になったら手でこね、耳たぶくらいのかたさにな
　　るまで水分量を調整する。

2　米粉（分量外）を手につけて生地を少量取り、両手で
　　こすって5〜6cmほどの棒状にする。

3　鍋にたっぷりの湯を沸かし2をゆでる。表面に浮き上
　　がってきたらザルに上げて水気をきる。

ミートソースの材料（2人分）

豚ひき肉　200g
玉ねぎ　1/2個
にんじん　1/2本
にんにく　1片
オリーブオイル　小さじ1

A　｜　トマト缶　1缶
　　｜　トマトケチャップ　大さじ2
　　｜　ウスターソース　大さじ1
　　｜　しょうゆ　小さじ1
　　｜　塩　小さじ1/3

パセリ　あれば適量

ミートソースの作り方

1　玉ねぎ、にんじんを粗みじん切りにし、にんにくをみ
　　じん切りにする。

2　フライパンにオリーブオイルとにんにくを入れて熱
　　し、香りが出たら玉ねぎを加えて炒める。玉ねぎが
　　透き通ったら豚ひき肉とにんじんを加え、色が変わる
　　まで炒める。

3　Aを加え、汁気がなくなるまで煮つめる。好みでパセ
　　リを散らす。

point
手のひらで擦るように作るこの形状のパ
スタは、イタリアでは「トロフィエ」と呼ば
れています。形にこだわらなくていいので、
子どもと一緒に作るのも楽しいです。

クリームじゃがいもニョッキ

Potato Gnocchi with Cream

卵
なし

じゃがいもと米粉で作る、もちもち食感のニョッキです。
パスタとはまた違ったおいしさで、手作りできるとうれしい一品です。

材料（2人分）

〈じゃがいもニョッキ〉
じゃがいも　200g
米粉　80g
水　60g
オリーブオイル　小さじ2
塩　少々

〈クリームソース〉
生クリーム　100g
粉チーズ　大さじ4
塩・こしょう　少々

粗びき黒こしょう　少々

作り方

1　じゃがいもは皮をむいて6等分に切り、耐熱容器に入れてラップをして電子レンジで4分加熱する。温かいうちにマッシャーやスプーンなどでしっかりと潰す。

2　米粉、水（かたさの調整用に少し残す）、オリーブオイル、塩を加えてよく混ぜる。耳たぶくらいのかたさになったら2cmほどに丸め、フォークの背でくぼみを作る。

3　鍋に湯を沸かし、2を入れてゆでる。浮いてきたらザルに上げてしっかりと水気をきって器に盛る。

4　クリームソースを作る。フライパンに材料を入れ、ふつふつとするまで熱する。

5　ニョッキにソースをかけ、粗びき黒こしょうを散らす。

トマトクリームかぼちゃニョッキ

卵
なし

Pumpkin Gnocchi with Tomato Cream

かぼちゃのやさしいオレンジ色と、自然な甘み。
オリーブオイルで焼いて塩をかけるだけでもおいしいですよ。

材料 (2人分)

〈かぼちゃニョッキ〉
かぼちゃ　200g
米粉　80g
水　50g
オリーブオイル　大さじ1
塩　少々

〈トマトクリームソース〉
オリーブオイル　大さじ1
にんにく (みじん切り)　1片分
玉ねぎ (薄切り)　1/4個分
ソーセージ (輪切り)　2本分
水　50g
トマト缶　1/2缶
コンソメ　小さじ1/2
生クリーム　50g

作り方

1　かぼちゃは皮をそぎ一口大に切り、耐熱容器に入れ
　　てラップをして電子レンジで2分半加熱する。温か
　　いうちにマッシャーやスプーンなどで潰す。

2　米粉、水 (かたさの調整用に少し残す)、オリーブオイル、
　　塩を加えてよく混ぜる。耳たぶくらいのかたさになっ
　　たら2cmほどに丸め、フォークの背でくぼみを作る。

3　鍋に湯を沸かし、2を入れてゆでる。浮いてきたらザ
　　ルに上げてしっかりと水気をきって器に盛る。

4　トマトクリームソースを作る。フライパンにオリーブ
　　オイルとにんにくを入れて熱し、香りが出たら玉ねぎ、
　　ソーセージを加えて炒める。水、トマト缶、コンソメ
　　を加え、塩・こしょう (分量外) で味を調える。

5　生クリームを加えて火を止める。ニョッキにソースを
　　かけ、あればタイム (分量外) を散らす。

クリームコロッケ

Cream Croquette

衣もクリームも米粉でできた、米粉づくしの一品!
ざくざく衣と口溶けのよいクリームとの食感のコントラストがたまりません。

材料(2人分)

玉ねぎ　1/2個
しめじ　1/2パック
コーン　50g
枝豆(さやから出した状態)　50g
バター　20g

A　牛乳　300g
　　米粉　100g
　　コンソメ　小さじ2
　　塩・こしょう　少々

溶き卵　1個分
米粉パン粉(P.19)　適量
揚げ油　適量

作り方

1　玉ねぎはみじん切りにし、しめじは石づきを落としてほぐす。フライパンにバターを入れて熱し、玉ねぎとしめじを入れてしんなりするまで炒める。

2　コーンと枝豆、Aを加え、混ぜながらとろみがつくまで煮る。バットに移して粗熱を取り、冷凍庫で20分ほど冷やしかためる。6等分にし、小判形にまとめる。

3　表面に米粉(分量外)を薄くまぶし、溶き卵を絡め、米粉パン粉をしっかりとつける。深めのフライパンに揚げ油を170℃に熱し、上下を返しながら3分ほど揚げる。網に上げて油をきる。

クルトンシーザーサラダ

Caesar Salad with Croutons

余った米粉食パンを香ばしく焼いてクルトンに。ついつい、そのままつまんでしまいます。

材料(2人分)

〈クルトン〉
米粉食パン(P.16)　1/4本
オリーブオイル　大さじ2
塩、乾燥パセリ　各少々

レタス　4枚
ベーコン(短冊切り)　60g
植物油　大さじ1

A　粉チーズ、マヨネーズ、
　　牛乳　各大さじ1
　　オリーブオイル　小さじ1
　　レモン果汁　小さじ1/2
　　塩　ひとつまみ

作り方

1　クルトンを作る。米粉食パンを1cm角に切り、オリーブオイルをまぶして150℃に予熱したオーブンで20分焼く。温かいうちに塩と乾燥パセリをまぶす。

2　ドレッシングを作る。Aの材料を混ぜ合わせる。

3　フライパンに植物油とベーコンを入れ、カリカリになるまで炒める。レタスは適当な大きさにちぎる。

4　器にレタスとベーコンを盛り、ドレッシングをかけてクルトンをのせる。

ハヤシライス

Hayashi Rice

卵 乳 なし

米粉でさらりととろみをつけた本格味のハヤシライス。
おもてなしや、記念日の一品にも活躍します。

材料（2~3人分）

牛こま肉　200g
玉ねぎ　1個
マッシュルーム　6個
植物油　大さじ1
米粉　大さじ2
赤ワイン　100g
トマト缶　1缶
水　200g
ローリエ　1枚

A　砂糖　大さじ2
　　しょうゆ　大さじ2
　　ウスターソース　大さじ2
　　塩　少々

ごはん　適量

作り方

1　玉ねぎ、マッシュルームは薄くスライスする。

2　鍋に植物油を熱し、玉ねぎが透き通るまで炒める。
　　牛こま肉を加えて炒め、肉の色が変わったらマッシ
　　ュルーム、米粉を加えて炒め合わせる。

3　赤ワインを加えてひと混ぜし、トマト缶、水、ローリ
　　エを加え中火で10分ほど煮込む。Aを加え、さらに
　　10分煮込む。器にごはんを盛り、ルーをかける。

※子どものいるおうちは赤ワインを抜いて、水100gを追加してください。

point
余ったハヤシルーで作る「チーズハヤシト
ースト」もお楽しみ。米粉食パンにルーと
チーズをのせて、トースターで焼き色がつ
くまで焼けばできあがりです。

キッシュ

Quiche

卵も生クリームも使っていないのに、コクがあって食べ応え抜群。
ヘルシーなので、ぜひ大きくカットして食べてください。

卵乳なし

材料（底取れタルト型15cm 1台分）

〈生地〉

A 米粉　60g
アーモンドパウダー　40g
ベーキングパウダー　小さじ1/4

B 砂糖　10g
植物油　30g
無調整豆乳　30g
塩　ひとつまみ

〈フィリング〉

C ほうれん草（ざく切り）、コーン、
しめじ、ツナ缶（汁気をきる）　各50g

D 木綿豆腐　300g
米粉　大さじ2
白ごまペースト　大さじ1

植物油　小さじ1
塩・こしょう　適量
豆乳マヨネーズ（P.52）、パセリ　適量

準備

・オーブンを180℃に予熱しておく。

作り方

1 生地を作る。ポリ袋にAを入れ、均一になるまで振り混ぜる。ボウルにBを入れて泡立て器でよく混ぜる。Aを加えてゴムべらで混ぜ合わせ、手でひとかたまりにまとめる。

2 1を手でのばしながら型に敷きつめ、底面にフォークで穴を開ける。180℃のオーブンで15分焼き、いったん取り出す。

3 フィリングを作る。フライパンに植物油を熱し、Cをすべて入れて軽く炒める。

4 ボウルにDを入れ泡立て器でよく混ぜ、粗熱を取った3と混ぜ合わせ、塩・こしょうで味を調える。2に敷きつめ、豆乳マヨネーズをかけ、180℃のオーブンで15分焼く。あればパセリを散らす。

ケークサレ

Cake sale

色鮮やかな野菜をふんだんに混ぜ込んだ、お持たせにぴったりの華やかな一品。
ソーセージやハム、角切りにしたチーズなどを加えれば、満足感がアップします。

材料(18cmパウンド型1台分)

A　米粉　150g
　　推奨:共立食品 米の粉(P.13)または
　　ふんわり系米粉(P.123)
　　砂糖　15g
　　ベーキングパウダー　小さじ1

B　卵　2個
　　牛乳　40g
　　植物油　35g
　　塩　小さじ1/4
　　粗びき黒こしょう　少々

アスパラガス　4本
パプリカ　1/2個
ピザ用チーズ　40g
粉チーズ　大さじ1

準備

・オーブンを170℃に予熱しておく。
・型にオーブン用シートを敷いておく。

作り方

1　アスパラガスはトッピング用に2本残し、2cm幅に切
　　る。パプリカは1cm角に切る。

2　ポリ袋にAを入れ、均一になるまで振り混ぜる。

3　ボウルにBを入れて泡立て器でよく混ぜる。2を加え
　　てゴムべらで手早く混ぜ、アスパラガス、パプリカ、
　　ピザ用チーズを加えて混ぜる。

4　型に流し入れ、トッピング用のアスパラガスをのせ、
　　粉チーズを散らす。170℃のオーブンで40分焼き、
　　粗熱が取れてから切り分ける。

えびのチリソース

Shrimp with Chili Sauce

片栗粉より「ちょうどよい」とろみをつけやすいのも米粉の魅力。
さまざまな中華料理に活躍してくれます。

材料（2人分）

えび　10匹
長ねぎ　5cm
にんにく　1片
しょうが　1片
植物油　小さじ1
豆板醤　小さじ1/2〜1

A　水　70g
　　鶏がらスープの素　小さじ1
　　砂糖　大さじ1/2
　　酢　大さじ1/2
　　ケチャップ　大さじ4
　　米粉　小さじ2

作り方

1　えびは殻をむいて背を開き、背わたを取る。塩（分量外）をもみ込み水で洗い、水気をふき取る。長ねぎ、にんにく、しょうがはみじん切りにする。

2　フライパンに植物油、長ねぎ、にんにく、しょうがを入れて炒める。香りが出たらえびを加え、色が変わるまで炒め合わせる。豆板醤を加え、全体になじませる。

3　Aを混ぜて加え、ひと煮立ちさせてとろみがついたら火を止める。

麻婆豆腐

Mapo Tofu

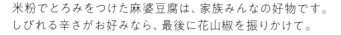

米粉でとろみをつけた麻婆豆腐は、家族みんなの好物です。
しびれる辛さがお好みなら、最後に花山椒を振りかけて。

材料（2人分）

絹ごし豆腐　300g
豚ひき肉　200g
にんにく　1片
しょうが　1片
植物油　大さじ1
豆板醤　小さじ2
甜麺醤　小さじ2

A　水　100g
　　料理酒　大さじ1
　　しょうゆ　大さじ1
　　鶏がらスープの素　小さじ1/2

B　米粉　大さじ1
　　水　大さじ2

青ねぎ　適量

作り方

1　絹ごし豆腐は2cm角に切る。にんにく、しょうがはみじん切りにし、青ねぎは小口切りにする。

2　フライパンに植物油とにんにく、しょうがを入れて熱し、香りが出たら豚ひき肉を加える。肉の色が変わったら豆板醤と甜麺醤を入れ炒め合わせる。

3　絹ごし豆腐とAを加え煮立たせる。Bを混ぜてから加え、さらにひと煮立ちさせる。器に盛り、青ねぎを散らす。

天津飯
Tianjin Rice

乳
なし

とろとろの卵と甘酸っぱいあんかけが、口の中で一体となる幸福感！
シンプルな材料ですが、あっという間にお皿が空っぽになるおいしさです。

材料（2人分）

にら　1/2わ
しめじ　1/2パック
かに風味かまぼこ　5~6本
卵　4個
ごま油　小さじ2
塩・こしょう　少々

A
　水　100g
　砂糖　大さじ2
　しょうゆ　大さじ1と1/2
　酢　大さじ1と1/2
　米粉　大さじ1
　鶏がらスープの素　小さじ1/2

ごはん　2人分

作り方

1　にらは3cm幅に切り、しめじは石づきを落としてほぐす。かに風味かまぼこはほぐして卵と混ぜておく。

2　フライパンにごま油を熱し、にら、しめじを入れてさっと炒め、塩・こしょうを振る。卵を加え、軽く混ぜながら半熟に焼く。

3　あんを作る。小鍋にAを入れ、混ぜながらとろみが出るまで熱する。

4　器にごはんを盛り、2をのせ、あんをかける。

チキン南蛮 *Fried Chicken with Tartar Sauce*

甘酢ダレをまとったサクサクの衣が、困っちゃうくらい食欲をそそります。
タルタルソースはあっさり目に仕上げて、たっぷりのせるのがわが家流。

乳
なし

材料（2人分）

鶏もも肉　2枚
米粉　大さじ2
溶き卵　1個分

A　：しょうゆ、砂糖、酢　各大さじ2
〈タルタルソース〉
ゆで卵　2個
玉ねぎ　1/2個（100g）
マヨネーズ、レモン果汁、塩・こしょう

作り方

1　タルタルソースを作る。ゆで卵はフォークで潰し、玉ねぎは
　みじん切りにする。ボウルに入れてマヨネーズ大さじ3、レ
　モン果汁小さじ1、塩・こしょう少々と混ぜ合わせる。

2　鶏もも肉に塩・こしょう（分量外）をし、両面にしっかりと米
　粉をまぶしてから溶き卵に浸す。

3　フライパンに揚げ油（分量外）を1cmほど注いで170℃に熱し、
　2を入れて上下を返しながら全体に揚げ色がつくまで7〜8
　分揚げ焼きする。油をきり、熱いうちに混ぜ合わせたAに浸
　す。食べやすい大きさに切って器に盛り、タルタルソースを
　かける。

中華スープ *Chinese Soup*

ありものの野菜と卵で一品。
好みで酢やラー油を入れても。

乳
なし

作り方（2人分）

1　玉ねぎ1/2個は薄くスライス、しめじ1/2パックは石づきを
　落としてほぐし、しょうがはみじん切りにする。米粉大さじ2
　を水大さじ4で溶いて水溶き米粉を作る。

2　鍋に水600gと鶏がらスープの素大さじ1、野菜類を入れて
　ひと煮立ちさせる。しょうゆ大さじ1、酢大さじ1と1/2、塩
　ひとつまみを加え、再沸騰したら水溶き米粉を加えとろみを
　つける。溶き卵1個分を回し入れたら器に盛り、小口切りに
　した青ねぎを適量散らす。

野菜たっぷりチヂミ

Vegetable Chijimi

乳
なし

どんな野菜で作ってもおいしいので、余った野菜の消費にぴったり。
はしっこの特別カリカリした部分が、いつも取り合いになります。

材料（26cmフライパン2枚分）

米粉　200g
卵　1個
水　200g
鶏がらスープの素　小さじ1
にら　1/2わ
にんじん　1/2本
ごま油　適量
〈タレ〉
しょうゆ　大さじ1
酢　大さじ1
砂糖　小さじ1/2
ラー油　少々

作り方

1　タレの材料を混ぜ合わせておく。にらは3cm幅に切り、にんじんは千切りにする。

2　ボウルに卵を溶きほぐし、水、鶏がらスープの素、米粉を入れ、野菜を加えてよく混ぜる。

3　フライパンにごま油をひいて中火で熱し、生地を半量流し入れる。ヘラで押しつけながら、両面がこんがりするまで焼く。食べやすい大きさに切って皿に盛り、タレを添える。

じゃがいもとコーンのチヂミ

Potato and Corn Chijimi

卵
なし

卵のかわりにじゃがいもを加えた、もっちりカリカリのチヂミ。
シンプルに塩でいただくと、じゃがいもの自然な甘さが引き立ちます。

材料（26cmフライパン2枚分）

米粉　150g
じゃがいも　1個（100g）
水　70g
和風だし（顆粒）　小さじ1/2
玉ねぎ　1/4個
青ねぎ　1/2わ
コーン　50g
ピザ用チーズ　30g
ごま油　適量

作り方

1　じゃがいもは皮をむいてすりおろす。玉ねぎは薄切り、青ねぎは小口切りにする。

2　ボウルにじゃがいも、水、和風だしを入れてよく混ぜ、米粉を加えてさらによく混ぜる。

3　玉ねぎ、青ねぎ、コーン、ピザ用チーズを加えてざっくりと混ぜる。

4　フライパンにごま油をひいて中火で熱し、生地を半量流し入れる。ヘラで押しつけながら、両面がこんがりするまで焼く。食べやすい大きさに切って皿に盛り、塩（分量外）を添える。

鶏肉のフォー

Chicken Pho

卵 乳 なし

米粉の麺の代表格。うどんの生地より片栗粉を増やし、つるんとした食感にしています。
具はえびや牛肉、ラム肉なども。お好きな人は唐辛子を加えても。

材料（2人分）

A　米粉　100g
　　推奨：パン用ミズホチカラ（P.13）
　　片栗粉　100g
　　塩　小さじ1/2
　　熱湯　125g

鶏もも肉　1枚
紫玉ねぎ　1/2個
水　600g
長ねぎの青い部分　適量
しょうが（スライス）　1片分
鶏がらスープの素　小さじ1
ナンプラー　大さじ1
塩　小さじ1/2
パクチー、レモン　適量

作り方

1　Aの材料で基本の米粉うどんの作り方（P.50）と同様に麺を作り（うどんより細めに切る）、ゆでて冷水でしめておく。

2　鶏もも肉は一口大に切る。紫玉ねぎは薄切り、パクチーはざく切り、レモンはくし形に切る。

3　鍋に水と長ねぎの青い部分、しょうがを入れ、鶏もも肉を加えてひと煮立ちさせる。アクを取り、鶏がらスープの素、ナンプラー、塩を加え、3分ほど煮る。長ねぎとしょうがは取り除く。

4　鍋に1の麺を加え、温まったら器に盛る。紫玉ねぎをのせ、パクチー、レモンを好みで添える。

バインセオ

Vietnamese Crepe

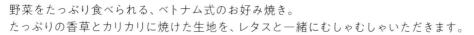卵 乳 なし

野菜をたっぷり食べられる、ベトナム式のお好み焼き。
たっぷりの香草とカリカリに焼けた生地を、レタスと一緒にむしゃむしゃいただきます。

材料（26cmフライパン2枚分）

A　米粉　50g
　　ココナッツミルク　20g
　　水　80g
　　ターメリックパウダー　少々

豚こま肉　150g
もやし　1袋
塩・こしょう　少々
サニーレタス　適量
香草（パクチー、ミント、ディルなど）　適量
〈タレ〉
砂糖　小さじ1
湯　大さじ1
ナンプラー、レモン汁　各大さじ1
唐辛子（輪切り）　少々

作り方

1　タレを作る。砂糖に湯を入れて溶かし、残りの調味料と混ぜ合わせる。

2　豚こま肉は3cm幅に切り、塩・こしょうをする。フライパンに植物油（分量外）を熱し、豚こま肉を入れて炒め、色が変わったらもやしを加えてさっと炒める。

3　ボウルにAを入れて泡立て器でよく混ぜる。別のフライパンに植物油（分量外）を薄くひいて熱し、生地を半量流し入れてフライパンいっぱいに薄く広げる。生地のフチがチリチリとはがれ、表面が乾いてきたら竹串などで裏返し、さっと焼く。

4　皿に取り、生地の下半分にサニーレタスを敷いて2と香草をのせ、折りたたむ。タレを添える。

天ぷら

Tempura

卵 乳
なし

米粉は油の吸収率が低いので、揚げ物がサクッと軽く仕上がります。
時間が経ってもべちゃっとせず、おうち天ぷらの味を格上げしてくれます。

材料(2人分)

A 米粉 100g
冷水 80g
塩 小さじ1/2

えび 4本
なす 1本
かぼちゃ 1/8個
れんこん 5cm
揚げ油 適量
塩、つゆ 適量

作り方

1 えびは殻をむいて背わたを取り、腹に切り込みを入れる。なすは1cm幅の斜め切り、かぼちゃは5mm幅に切り、れんこんは5mm幅の輪切りにする。

2 ボウルにAを入れてよく混ぜる。具材をくぐらせ、170℃に熱した揚げ油でカラリとするまで揚げる。油をきり、好みで塩やつゆを添える。

がんもどき

Deep Fried Tofu with Vegetables

乳
なし

手作りがんもどきのおいしさは格別！ ぜひ揚げたてをつまみ食いしてみて。
小さく揚げて冷凍しておけば、お弁当のおかずにも便利です。

材料（6個分）

木綿豆腐　350g
〈具材〉
にんじん　1/2本
しいたけ　1枚
長芋　60g
枝豆（さやから出した状態）　30g
コーン　30g
A　卵　1個
　　米粉　大さじ2
　　黒ごま　小さじ1
　　塩　小さじ1/2
揚げ油　適量
塩、つゆ　適量

作り方

1　にんじんは2cm長さの千切りにし、しいたけは細切りにする。長芋は粗みじん切りにする。

2　木綿豆腐をキッチンペーパーに包んで電子レンジで5分加熱し、粗熱が取れたらボウルに入れて泡立て器で崩し混ぜる。具材とAを加えてよく混ぜる。

3　6等分して丸く成形し、170℃に熱した揚げ油できつね色になるまで揚げる。油をきり、好みで塩やつゆを添える。

part.3

米粉のおやつ

しっとり、ふんわり、さくさく。
軽やかな食感と、消えていくような口溶けのよさ。
米粉のお菓子のおいしさを知ったら、誰もがとりこになってしまいます。
ふるう手間がなく、洗い物も楽なので、
お菓子作りがグッと身近になった、という声も。
消化がいいので、食べすぎても体が重くならないのもうれしいですね。

米粉シフォンケーキ
Rice Flour Chiffon Cake

（乳なし）

グルテンが出ず、軽く仕上がる米粉の性質はシフォンケーキにぴったり。
メレンゲさえしっかり立てれば、誰でもふんわり、しっとりシフォンが作れます。

材料（17cmシフォン型1台分）

卵黄　3個
砂糖　20g
植物油　30g
水　30g
米粉　70g
推奨：共立食品 米の粉（P.13）または
ふんわり系米粉（P.123）

〈メレンゲ〉
卵白　3個
砂糖　35g
塩　少々

準備

・卵白は使う直前まで冷蔵庫で冷やしておく。
・オーブンを180℃に予熱しておく。

作り方

1　ボウルに卵黄を入れて泡立て器で溶きほぐし、砂糖を加えてよく混ぜる。植物油、水、米粉を順に加え、そのつどよく混ぜる。[a]

2　メレンゲを作る。別のボウルに卵白と塩を入れ、電動ミキサーで泡立てる。やわらかなツノが立ってきたら砂糖を3回に分けて加え、そのつどよく混ぜる。ツヤが出てツノがしっかり立ったらOK。[b]

3　1にメレンゲの1/3量を加え、泡立て器でムラがなくなるまでぐるぐると混ぜる。ゴムべらに持ちかえて残りのメレンゲを加え、全体が均一になるまで底からすくうように混ぜる。

4　シフォン型に流し入れ、ゴムべらで表面を平らにならす。10cmほどの高さから1回落として空気を抜き、竹串でぐるぐると3周ほど混ぜる。180℃のオーブンで25分ほど焼く。[c]

5　取り出したら15cmほどの高さから型ごと1回落とす（焼き縮み防止）。逆さにして、中央の穴に瓶などの口を差し込んで完全に冷まし、型から外す。[d]

point [a]
米粉はグルテンが出ないので、ぐるぐると混ぜて大丈夫。しっかり粉が分散するので、失敗が少ないです。

point [b]
砂糖を入れると泡が沈むので、加えるたびにツノが立つまでしっかりと泡立ててください。

point [c]
竹串を刺して回すことで、余分な気泡を抜くことができます。こうすることで、より焼き上がりの断面が美しくなります。

point [d]
上向きのまま冷ますと、自分の重みで生地が潰れてしまいます。食感が悪くなるので、かならず逆さにして冷ますようにしましょう。

コーヒーシフォンケーキ

Coffee Chiffon Cake

乳
なし

ふんわり香るコーヒーのほろ苦さで大人の印象に。甘いものが苦手な人にも好評です。

材料(17cmシフォン型1台分)

卵黄　4個
砂糖　30g
植物油　35g
米粉　90g
推奨：共立食品 米の粉(P.13)または
ふんわり系米粉(P.123)

〈メレンゲ〉
卵白　4個
砂糖　40g
塩　少々

A｜インスタントコーヒー
　　　大さじ1
　｜湯　大さじ2
　｜カルーアリキュール
　　　あれば大さじ1

準備

・卵白は使う直前まで冷蔵庫で冷やしておく。
・オーブンを180℃に予熱しておく。
・Aの材料を混ぜておく。

作り方

1　ボウルに卵黄を入れて泡立て器で溶きほぐし、砂糖を加えてよく混ぜる。植物油、A、米粉を順に加え、そのつどよく混ぜる。

2　米粉シフォンケーキの作り方(P.86)の2〜5と同様に作る。

> **シフォンラスクの作り方**
> 余ったシフォンケーキを5mm厚さにスライスし、150℃のオーブンで15分ほど焼く。

豆乳きなこシフォンケーキ

Soymilk and Kinako Chiffon Cake

乳
なし

きなこの香ばしさがいきた、しっとりやさしいシフォンです。大豆の栄養が摂れるのもうれしい。

材料(17cmシフォン型1台分)

卵黄　4個
砂糖　30g
植物油　35g
無調整豆乳　40g
米粉　80g
推奨：共立食品 米の粉(P.13)または
ふんわり系米粉(P.123)
きなこ　15g

〈メレンゲ〉
卵白　4個
砂糖　40g
塩　少々

準備

・卵白は使う直前まで冷蔵庫で冷やしておく。
・オーブンを180℃に予熱しておく。

作り方

1　ボウルに卵黄を入れて泡立て器で溶きほぐし、砂糖を加えてよく混ぜる。植物油、豆乳、米粉、きなこを順に加え、そのつどよく混ぜる。

2　米粉シフォンケーキの作り方(P.86)の2〜5と同様に作る。

米粉ロールケーキ

Rice Flour Swiss Roll

シフォンの生地を鉄板に流せば、ロールケーキ生地に。
ふわふわ生地にクリームをたっぷり巻き込んで。持ち運びやすいのでお持たせにも便利です。

材料（30×30cmの天板1枚分）

米粉シフォンケーキの材料（P.86）
　1台分
生クリーム　200g
砂糖　15g
粉糖　適量

準備

・卵白は使う直前まで冷蔵庫で冷やしておく。
・生クリームに砂糖を入れ、ツノが立つまで泡立て冷蔵庫で冷やしておく。
・オーブンを170℃に予熱しておく。天板にオーブン用シートを敷いておく。

作り方

1　米粉シフォンケーキの作り方（P.86）の3まで進める。

2　天板に生地を流し入れ、ゴムべらで表面を平らにならす。170℃のオーブンで20分ほど焼く。取り出したら天板から外し、ケーキクーラーにのせて完全に冷ます。

3　オーブン用シートをひとまわり大きいサイズに切って生地にのせ、生地ごとひっくり返す。そっと上のオーブン用シートをはがし、もう一度生地をひっくり返して焼き目を上にする。

4　生地に生クリームをぬり広げる。[a] 巻き始めは小さく折るようにひと巻きし、芯を作る。下のオーブン用シートを持ち上げるようにしながら、奥に向かって一気に巻く。[b] ラップで包み、冷蔵庫で冷やす。好みで粉糖を振りかける。

point [a]
クリームは手前（巻き始め）が多めに、奥が薄くなるようにぬると巻きやすくなります。

point [b]
巻き終わりを定規などで押さえながら下側のシートを引き出すようにすると、キュッと締まって形がよくなります。

米粉ドームケーキ

Rice Flour Dome Cake

シフォン生地をアレンジして、特別な日のケーキを作りました。
豪華なルックスですが、とっても簡単。クリスマスケーキにもぴったりです。

材料(30×30cmの天板1枚分)

米粉シフォンケーキの材料(P.86)
　1台分
生クリーム　200g
砂糖　30g
ヨーグルト　1パック(400g)
苺　1パック

準備

・卵白は使う直前まで冷蔵庫で冷やしておく。苺はヘタを取り縦半分に切る(いくつかかざり用にヘタを残しておく)。
・オーブンを170℃に予熱しておく。天板にオーブン用シートを敷いておく。
・ヨーグルトはキッチンペーパーを敷いたザルに入れ、一晩水気をきっておく。

作り方

1　生クリームに砂糖を入れ、泡立て器でツノが立つまで泡立てる。水きりしたヨーグルトを加え、ゴムべらでよく混ぜる。使う直前まで冷蔵庫で冷やしておく。

2　米粉ロールケーキの作り方(P.90)の2まで進める。

3　直径15cmのボウルにラップを敷いて、生地を敷きつめる(余った生地はフタに使う)。[a] 1の半量を入れて苺の2/3量をつめ、余り生地でフタをする。冷蔵庫で15分ほど冷やす。

4　皿をかぶせてひっくり返す。残りのクリームをゴムべらで全体にぬり、残りの苺をかざる。[b]

point [a]
クリームで覆うので、生地は多少雑に敷きつめても○K。ぎゅっとボウルに押しつけるように敷きつめてから、クリームと苺を入れましょう。

point [b]
クリームのラフにぬった感じがかわいいです。ゴムべらでペタペタとツノを立てるようにぬりつけても○K。

ジャムとクリームチーズのマフィン Jam and Cream Cheese Muffins

ジャムの甘さとクリームチーズの塩気があとひくコンビネーション。ジャムは好みのものに変えても○Kです。

材料（マフィンカップ8個分）

A | 米粉 150g
推奨：共立食品 米の粉（P.13）または
ふんわり系米粉（P.123）
砂糖 40g
ベーキングパウダー 小さじ1

B | 卵 1個
牛乳 50g
植物油 40g
塩 少々

クリームチーズ、苺ジャム 各60g

準備

・クリームチーズは1cm角に切っておく。
・オーブンを180℃に予熱しておく。

作り方

1 ポリ袋にAを入れ、均一になるまで振り混ぜる。ボウルにBを入れて泡立て器でよく混ぜ、Aを加えて手早く混ぜる。

2 マフィンカップに分け入れ、クリームチーズと苺ジャムを均等にのせる。180℃のオーブンで20分焼く。

キャラメルアーモンドマフィン Caramel and Almond Muffins

ほろ苦いキャラメルソースをたっぷり混ぜ込みました。コーヒーの最高のお供！

材料（マフィンカップ8個分）

A | 米粉 150g
推奨：共立食品 米の粉（P.13）または
ふんわり系米粉（P.123）
砂糖 20g
ベーキングパウダー 小さじ1

B | 卵 1個
牛乳 15g
植物油 40g
塩 少々

〈キャラメルソース〉
グラニュー糖、生クリーム 各60g

アーモンドスライス 15g

準備

・オーブンを180℃に予熱しておく。

作り方

1 キャラメルソースを作る。鍋にグラニュー糖を入れて中火にかけて溶かす（色付くまでさわらない）。全体が濃い茶色になったら火を止め、生クリームを加えてよく混ぜる。

2 ポリ袋にAを入れ、均一になるまで振り混ぜる。ボウルにBとキャラメルソースを入れて泡立て器でよく混ぜ、Aを加えて手早く混ぜる。

3 マフィンカップに分け入れ、アーモンドスライスを均等にのせる。180℃のオーブンで20分焼く。

カマンベールサーモンマフィン Camembert Cheese and Salmon Muffins

甘さを減らしたマフィン生地は、前菜系の具材とよく合います。冷やしたワインと一緒にどうぞ。

材料（マフィンカップ8個分）

A | 米粉 150g
推奨：共立食品 米の粉（P.13）または
ふんわり系米粉（P.123）
砂糖 20g
ベーキングパウダー 小さじ1

B | 卵 1個
牛乳 50g
植物油 40g
塩 小さじ1/4

カマンベールチーズ 1個（125g）
スモークサーモン 30g
ローズマリー あれば適量

準備

・カマンベールチーズは8等分に切っておく。
・オーブンを180℃に予熱しておく。

作り方

1 ポリ袋にAを入れ、均一になるまで振り混ぜる。ボウルにBを入れて泡立て器でよく混ぜ、Aを加えて手早く混ぜる。

2 マフィンカップに分け入れ、カマンベールとスモークサーモン、あればローズマリーを均等にのせる。180℃のオーブンで20分焼く。

米粉チョコクリーム

Rice Flour Chocolate Cream

卵乳なし

カカオの香りが濃厚なのに、後味はさっぱり。
卵・牛乳を使っていないので、ダイエット中でも安心して食べられます。

材料 (作りやすい量)

A	米粉 20g
	砂糖 20g
	純ココア 大さじ1
	寒天パウダー 1g
B	無調整豆乳 200g
	植物油 5g
	塩 ひとつまみ

ココナッツミルク あれば大さじ1

作り方

1 ボウルにAを入れて泡立て器でよく混ぜる。別のボウルにBを入れて泡立て器でよく混ぜ、Aに流し入れてさらによく混ぜる。

2 フライパンに1を入れて中火にかけ、耐熱のゴムべらで絶えずかき混ぜる。ふつふつと沸き始めたら弱火にし、さらに30秒ほど混ぜながら火を通す。

3 火を止め、好みでココナッツミルクを加えてよく混ぜ、保存容器に移して冷蔵庫で冷やす。使う直前に泡立て器などでほぐしてから使う。

米粉カスタードクリーム

Rice Flour Custard Cream

サラッと口溶けのよいクリームです。シュークリームやクレープはもちろん、
パンにつけるだけでおいしい!

材料 (シュークリーム8個分)

卵 2個
砂糖 80g
米粉 50g
牛乳 400g
バニラエッセンス 数滴
バター 10g

作り方

1 ボウルに卵と砂糖を入れて泡立て器でよく混ぜ、米粉を振り入れ、さらによく混ぜる。牛乳を注ぎ加えながら泡立て器でよく混ぜる。

2 フライパンに1を入れて中火にかけ、耐熱のゴムべらで絶えずかき混ぜる。ふつふつと沸き始めたら弱火にし、さらに30秒ほど混ぜながら火を通す。

3 火を止め、バニラエッセンス、バターを加えて混ぜ溶かし、保存容器に移して冷蔵庫で冷やす。使う直前に泡立て器などでほぐしてから使う。

point

余ったクリームは冷凍保存できます。ラップでぴっちりと包んで凍らせ、使うときは自然解凍で。小分けにしておくと、パンにちょっとぬりたい、なんてときに便利です。

米粉シュークリーム

Rice Flour Cream Puff

米粉のシュー生地に、米粉カスタードをたっぷりつめ込んだ米粉づくしのシュークリーム。
さらりとしたクリームなので、大きいけどペロリと食べられます。

材料（8個分）

A	水　100g
	バター　30g
	砂糖　小さじ1
	塩　少々

米粉　60g
推奨：共立食品 米の粉（P.13）または
ふんわり系米粉（P.123）
溶き卵　2個分（110g）
米粉カスタードクリーム（P.96）　全量

準備

・絞り袋に丸口金をセットする（口金を入れなくても可）。
・オーブンを200℃に予熱しておく。天板にオーブン用シートを敷いておく。

作り方

1　小鍋にAを入れて火にかけ、沸騰させる。

2　火を止め、米粉を一度に加えて木べら（または耐熱のゴムべら）でよく混ぜる。鍋底に押しつけるように練り、生地をひとまとめにする。

3　溶き卵を1/3量ずつ加えてそのつどよく混ぜ、最後の1回分は生地のかたさを見ながら少しずつ加える。木べらで生地を落としたときに三角形の形ができるかたさが目安。[a]

4　絞り袋に入れ、天板に直径4〜5cmの丸型に絞る。全体に霧吹きをかけ、200℃のオーブンで20分、180℃に落として15分焼く（しぼむので、オーブンは途中で開けないこと）。[b]

5　完全に冷めたら横半分に切り、米粉カスタードクリームを絞り袋かスプーンでつめる。

point [a]
生地のかたさで仕上がりが大きく変わります。木べらで持ち上げたとき、スーッと流れるようだったらゆるすぎ。三角形にゆっくりと垂れるくらいがベストです。

point [b]
焼く直前に生地を霧吹きで湿らせると、表面が焼きかたまるのを遅らせ、ふくらみをよくすることができます。

りんごタルト

Apple Tart

卵乳なし

ざっくざくのタルト生地と、こっくり煮上げたりんごのコンビネーション。
食べる直前にめいめいで仕上げるのがまた楽しいです。

材料（直径20cm 1台分）

A
| 米粉　60g
| アーモンドパウダー　40g
| ベーキングパウダー
|　　小さじ1/4

B
| 無調整豆乳　40g
| 砂糖　30g
| 植物油　20g
| 塩　ひとつまみ

〈りんごの重ね煮〉
りんご　2個
レーズン（水で戻す）　適量
塩　適量

準備

・オーブンを180℃に予熱しておく。天板にオーブン用シートを敷いておく。

作り方

1　りんごの重ね煮を作る。りんごは皮をむいて芯を除き、いちょう切りにする。鍋に塩をひとつまみ振り、りんご、レーズンを入れ、ふたたび塩をひとつまみ振る。フタをして弱火で20〜30分煮る。

2　ポリ袋にAを入れ、均一になるまで振り混ぜる。ボウルにBを入れて泡立て器でよく混ぜ、Aを加えてゴムべらで手早く混ぜて、手でひとかたまりにまとめる。

3　オーブン用シートの上で2をめん棒で直径20cmほどの円形にのばし、端を折り込んで丸く整える。ナイフで生地を6等分に切る。[a]

4　180℃のオーブンで15分焼く。粗熱を取り、食べる直前にりんごの重ね煮をのせる。[b]

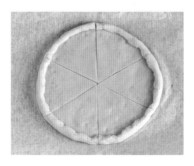

point [a]
生地がかためなので、あらかじめ切っておくときれいに分けやすいです。

point [b]
食べる直前に重ね煮をのせれば、生地がふやけずサクッといただけます。

ごまクッキー *Sesame Cookies*

かめばかむほど、ごまの風味と米のうまみが広がります。

材料（20枚分）

A | 米粉　60g
　 | 砂糖　30g
　 | アーモンドパウダー　25g
　 | 白ごま　20g
　 | 塩　ひとつまみ

植物油　20g
無調整豆乳　30g

準備

・オーブンを170℃に予熱しておく。天板にオーブン用シートを敷いておく。

作り方

1　ボウルにAを入れて泡立て器でよく混ぜる。植物油、豆乳を加えてゴムべらで手早く混ぜ、手でひとかたまりにする。

2　小さじ1ほどを取り天板に丸く薄く広げる。170℃のオーブンで15分焼く。

バナナチョコクッキー *Banana and Chocolate Cookies*

バナナとチョコの最強タッグ。しっとりどっしり食感で、バターなしでも満足感は◎。

材料（10枚分）

A | 米粉　70g
　 | アーモンドパウダー　20g
　 | ベーキングパウダー　小さじ1/2

バナナ（皮をむく）　50g
砂糖　20g
植物油　20g
チョコチップ　20g
アーモンドスライス　20g

準備

・オーブンを170℃に予熱しておく。天板にオーブン用シートを敷いておく。

作り方

1　ポリ袋にAを入れ、均一になるまで振り混ぜる。

2　ボウルにバナナを入れて潰し、砂糖、植物油を加えてゴムべらで混ぜる。1と残りの材料を加えて手早く混ぜ、手でひとかたまりにする。

3　大さじ1ほどを取り天板に丸く広げる。170℃のオーブンで15分焼く。

パルメザンクッキー *Parmesan Cheese Cookies*

ざくざく、ほろほろ。バターとチーズの香りでとびきりリッチなクッキーになりました。

材料（18枚分）

A | 米粉　100g
　 | パルメザンチーズ　30g
　 | 砂糖　20g
　 | 黒こしょう　小さじ1/2

バター　60g
牛乳　25g

準備

・バターは1cm角に切って冷やしておく。

・オーブンを170℃に予熱しておく。天板にオーブン用シートを敷いておく。

作り方

1　ボウルにAを入れて泡立て器でよく混ぜる。

2　バターを加え、手のひらですり合わせて粉チーズ状にする。牛乳を加えてゴムべらで混ぜ、手でひとかたまりにする。直径4cmほどの棒状にのばし、冷蔵庫で1時間ほど冷やす。

3　5mm厚さに切り、天板に並べ170℃のオーブンで15分焼く。

ココアナッツビスコッチ

Cocoa and Nuts Biscotti

乳
なし

ナッツたっぷりの生地は、かみしめるほどに香ばしさが広がります。
コーヒーに浸して食べるのもおすすめ。

材料（天板1枚分）

A | 米粉　100g
　 | 純ココア　20g
　 | ベーキングパウダー
　 | 　小さじ1/2

B | 卵　1個
　 | 砂糖　50g
　 | 植物油　25g
　 | 塩　3g

アーモンドスライス　50g
くるみ（ロースト）　50g

準備

・オーブンを180℃に予熱しておく。天板にオーブン用シートを敷いておく。

作り方

1　ポリ袋にAを入れ、均一になるまで振り混ぜる。

2　ボウルにBを入れ泡立て器でよく混ぜる。1を加えてゴムべらで手早く混ぜ、アーモンドスライスとくるみを加え、手でひとかたまりにまとめる。

3　2cm厚さのなまこ形にし、180℃のオーブンで15分焼く。いったん取り出し、冷めたら1cm幅に切る。断面を上にして天板に並べ、150℃で30分焼く。

キャロットケーキ

Carrot Cake

にんじんが丸ごと1本入っているのに、野菜嫌いの子どもでもペロリと食べられるおいしさです。

材料（15cm丸型1台分）

A　米粉　200g
　　推奨：共立食品 米の粉（P.13）または
　　ふんわり系米粉（P.123）
　　ベーキングパウダー　小さじ2
　　シナモンパウダー　小さじ1

B　卵　2個
　　砂糖、植物油　各60g
　　牛乳　20g
　　にんじん　1本（150g）
　　レーズン、くるみ（ロースト）　各30g

〈チーズクリーム〉
クリームチーズ　100g
砂糖　20g
レモン汁　大さじ1

準備

・にんじんはすりおろしておく。
・クリームチーズは室温に置いてやわらかくしておく。
・オーブンを180℃に予熱しておく。型にオーブン用シートを敷いておく。

作り方

1　ポリ袋にAを入れ、均一になるまで振り混ぜる。ボウルにBを入れて泡立て器でよく混ぜ、Aを加えてゴムべらで手早く混ぜる。

2　型に流し入れ、180℃のオーブンで40分焼く（竹串で刺して生地がつかなければOK）。ケーキクーラーにのせて粗熱を取る。

3　チーズクリームを作る。ボウルにクリームチーズを入れて泡立て器でほぐし、砂糖とレモン汁を加えてよく混ぜる。2の表面に厚くぬる。

ガトーショコラ

Gateau Chocolate

チョコレートの濃厚な味わいがありながらも、米粉のおかげで軽やかな食べ口に仕上がりました。
常温だとふんわり、冷やすとどっしり。

材料（15cm丸型1台分）

チョコレート　150g
バター　70g
卵黄　3個
卵白　3個
砂糖　30g
米粉　20g
純ココア　20g

準備

・チョコレートは粗くきざみ、バターは1cm角に切っておく。
・米粉と純ココアは混ぜておく。
・オーブンを180℃に予熱しておく。型にオーブン用シートを敷いておく。

作り方

1　耐熱容器にバターとチョコレートを入れ、電子レンジで1分加熱し混ぜ溶かす。

2　1に卵黄を1個ずつ加え、そのつど泡立て器でよく混ぜる。

3　ボウルに卵白を入れ、電動ミキサーで泡立てる。やわらかなツノが立ってきたら砂糖を3回に分けて加え、そのつどよく混ぜる。ツヤが出てツノがしっかり立ったら○K。

4　3の半分を2に加え、泡立て器でムラがなくなるまで混ぜたら残りの半分を加え、ゴムべらで泡を潰さないようにやさしく混ぜる。米粉と純ココアを加え、底からすくうようにさっくりと混ぜる。

5　型に流し入れ、180℃のオーブンで40分焼く。

point
ガトーショコラが余ったときは、角切りにして保存袋に入れて冷凍しています。アイスクリームをのせてパフェ風にして食べると、これまたおいしい。

ベイクドチーズケーキ

Baked Cheesecake

超簡単・テクニックいらずのケーキと言えばこちら。
レモンの香るしっとりチーズケーキが、ぐるぐる混ぜるだけで作れます。

材料（15cm丸型1台分）

クリームチーズ　200g
砂糖　60g
溶き卵　2個分
米粉　大さじ3
レモン果汁　大さじ1
生クリーム　200g

準備

・クリームチーズは室温に置いてやわらかくしておく。
・オーブンを180℃に予熱しておく。型にオーブン用シートを敷いておく。

作り方

1　ボウルにクリームチーズと砂糖を入れ、泡立て器でよく混ぜる。溶き卵を3回に分けて加え、そのつどよく混ぜる。

2　米粉とレモン果汁を加えてよく混ぜ、生クリームを加えてさらに混ぜる。

3　型に流し入れ、180℃のオーブンで40分焼く。粗熱が取れたら冷蔵庫で冷やす。

point
クリームチーズが冷えたままだと、材料となじまず分離してしまう原因に。室温に置いておくか、軽く電子レンジで温めてやわらかくしておきましょう。

米粉ドーナツ
Rice Flour Donuts

外はカリカリ、中はふんわり幸せの味。米粉は油ぎれがいいので、揚げても重たくありません。

材料（4個分）

A | 米粉　150g
　 | 推奨：共立食品 米の粉（P.13）または
　 | ふんわり系米粉（P.123）
　 | ベーキングパウダー
　 | 　小さじ1

B | 卵　1個
　 | 砂糖　40g
　 | 牛乳　15g
　 | 植物油　10g

揚げ油　適量
粉糖　あれば適量

作り方

1　ポリ袋にAを入れ、均一になるまで振り混ぜる。

2　ボウルにBを入れて泡立て器でよく混ぜる。1を加えてゴムべらで手早く混ぜ、手でひとかたまりにする。

3　生地をまとめたら4分割する。円状にして軽く潰し、中心に穴を開けて輪っかにする。

4　揚げ油を160℃に熱し、こんがりするまで揚げる。油をきり、冷めたら好みで粉糖を振りかける。

かぼちゃドーナツ
Pumpkin Donuts

卵 乳
なし

カリッ、もちっの食感と、じんわり甘いかぼちゃの味わい。笑顔のこぼれるおいしさです。

材料（20個分）

A | 米粉　100g
　 | 推奨：共立食品 米の粉（P.13）または
　 | ふんわり系米粉（P.123）
　 | ベーキングパウダー
　 | 　小さじ1と1/2

かぼちゃ　100g
砂糖　50g
無調整豆乳　50g
揚げ油　適量

作り方

1　かぼちゃは皮をそぎ一口大に切り、ラップをして電子レンジで3分加熱する。

2　ポリ袋にAを入れ、均一になるまで振り混ぜる。

3　ボウルに加熱したかぼちゃと砂糖を入れ、フォークの背で潰し混ぜる。豆乳を加えよく混ぜ、2を加え、ゴムべらで混ぜて耳たぶくらいのかたさの生地を作る（かたければ豆乳を足す）。

4　生地を一口大に取って丸める。揚げ油を160℃に熱し、こんがりするまで揚げる。網に上げて油をきる。

point
かぼちゃ自体の水分量によって加える豆乳の量が変わってきます。まずは分量の豆乳を少し残して加え、生地の様子を見ながら調整してください。

チョコチップスコーン

Chocolate Chip Scones

米粉のスコーンはさくほろっと軽い食感で、いくらでも食べられそう。
ミルクや紅茶と一緒に食べれば、最高のティータイムに。

材料（6個分）

A　米粉　200g
　　推奨：共立食品 米の粉（P.13）または
　　ふんわり系米粉（P.123）
　　砂糖　30g
　　ベーキングパウダー　小さじ2

バター　100g
生クリーム　100g
チョコチップ　50g

準備

・バターは1cm角に切って冷やしておく。
・オーブンを180℃に予熱しておく。天板にオーブン用シートを敷いておく。

作り方

1　ボウルにAを入れ、泡立て器でよく混ぜる。

2　バターを加え、手のひらですり合わせて粉チーズのようなポロポロの状態にする。生クリームを加えてゴムべらでよく混ぜ、チョコチップを加えてざっくりと混ぜたら、手でひとかたまりにまとめる。

3　2cm厚さの長方形にまとめ、二等辺三角形になるように6個に切り分ける。天板に並べ、180℃のオーブンで25分焼く。

さつまいもスコーン

Sweet Potato Scones

ペーストにしたさつまいもを混ぜ込んで、しっとりやさしい甘さのスコーンになりました。
小さなお子さまのおやつにもおすすめ。

材料（8個分）

A　米粉　100g
　　推奨：共立食品 米の粉（P.13）または
　　ふんわり系米粉（P.123）
　　砂糖　30g
　　ベーキングパウダー　小さじ1

B　さつまいも（皮をむく）　100g
　　無調整豆乳　50g〜
　　植物油　20g
　　塩　少々

準備

・さつまいもは蒸すか電子レンジで5分加熱し、しっかりと潰しておく。
・オーブンを180℃に予熱しておく。天板にオーブン用シートを敷いておく。

作り方

1　ポリ袋にAを入れ、均一になるまで振り混ぜる。

2　ボウルにBを入れてゴムべらでよく混ぜる。1を加えて混ぜ合わせ、手でひとかたまりにまとめる（生地がまとまらないようなら豆乳を足す）。

3　2cm厚さの長方形にまとめ、8等分に切り分ける。天板に並べ、180℃のオーブンで25分焼く。

ココアバナナパウンドケーキ

Cocoa and Banana Pound Cake

卵 乳
なし

バナナを1本混ぜ込んだ生地は、バターや卵を使っていないのにしっとりとリッチ。
お好みで洋酒を少々混ぜるのもよいでしょう。

材料（18cmパウンド型1台分）

A 米粉　100g
推奨：共立食品 米の粉（P.13）または
ふんわり系米粉（P.123）

砂糖　40g
アーモンドパウダー　40g
純ココア　10g
ベーキングパウダー　小さじ2

B 植物油　60g
無調整豆乳　50g

バナナ　2本（150g）

準備

・バナナは皮をむき1本は潰し、1本は輪切りにしておく。
・オーブンを180℃に予熱しておく。型にオーブン用シートを敷いておく。

作り方

1 ポリ袋にAを入れ、均一になるまで振り混ぜる。

2 ボウルに潰したバナナとBを入れ、泡立て器でよく混ぜる。

3 1を加えてゴムべらで手早く混ぜ、型に流し入れる。輪切りにしたバナナをのせ、180℃のオーブンで40分焼く。

レモンポピーシードパウンドケーキ

Lemon and Poppy Seed Pound Cake

レモンの酸味がキュンとさわやか。ポピーシードがなくても作れますが、
プチプチとした食感が楽しいのでぜひ入れてみてください。

材料（18cmパウンド型1台分）

A 米粉　120g
推奨：共立食品 米の粉（P.13）または
ふんわり系米粉（P.123）

アーモンドパウダー　30g
ベーキングパウダー　小さじ1

バター　80g
砂糖　60g
溶き卵　2個分
レモン果汁　大さじ1
ポピーシード　小さじ1

B 粉糖　50g
レモン果汁　10g

ピスタチオダイス　あれば適量

準備

・バターは室温に置いてやわらかくしておく。
・オーブンを180℃に予熱しておく。型にオーブン用シートを敷いておく。

作り方

1 ポリ袋にAを入れ、均一になるまで振り混ぜる。

2 ボウルにバターを入れて泡立て器でクリーム状にし、砂糖を2回に分けて加えそのつどよく混ぜる。溶き卵を3回に分けて加えそのつどよく混ぜ、レモン果汁、ポピーシードを加えて混ぜる。

3 1を加え、ゴムべらで手早く混ぜる。型に流し入れ、180℃のオーブンで40分焼く。ケーキクーラーにのせて粗熱を取る。

4 Bを混ぜ合わせる。3にかけ、あればピスタチオダイスをのせる。

米粉どら焼き

Rice Flour Dorayaki

乳
なし

米粉のどら焼きはほろりとほどけるような軽い食感。
あんことの相性もばっちりです。

材料（4個分）

A | 米粉　100g
　　推奨：共立食品 米の粉（P.13）または
　　ふんわり系米粉（P.123）
　　ベーキングパウダー　小さじ1

B | 卵　1個
　　砂糖　30g
　　植物油　20g
　　はちみつ　10g
　　みりん　10g

あんこ　120g

作り方

1　ポリ袋にAを入れ、均一になるまで振り混ぜる。

2　ボウルにBを入れて泡立て器でよく混ぜ、1を加えて
　　ゴムべらで手早く混ぜる。

3　フライパンに植物油（分量外）を薄くぬって熱し、直径
　　10cmほどの円形になるように生地を落とし、フタを
　　して弱火で3分、ひっくり返して2分焼く。

4　粗熱が取れたらあんこをのせ、もう一枚の生地で挟
　　む。

米粉チップス
Rice Flour Chips

卵乳なし

カリッとかためな食感と青のりの潮の香りで、つい手が止まらなくなります。
おやつにも、おつまみにも。

材料（作りやすい分量）

A | 米粉　100g
  | 青のり　小さじ1
  | 塩　小さじ1/2

熱湯　50g
揚げ油　適量

作り方

1　ボウルにAを入れて泡立て器でよく混ぜる。

2　1に熱湯を加えてゴムべらでよく混ぜ、触れるくらいの温度になったら手でひとかたまりになるまで混ぜる。

3　少量を手に取って指で押し広げ、170℃に熱した揚げ油で揚げる。きつね色になったら網に取り、油をきる。

みたらしだんご

Rice Dumpling with Sweet Soy Sauce

卵乳なし

和菓子は米粉の得意分野。もっちりかみ応えのある米粉だんごと、
甘じょっぱいみたらしダレはみんなが大好きな組み合わせです。

材料（5～6本分）

〈米粉白玉〉
米粉　100g
絹ごし豆腐　100g
砂糖　20g

〈みたらし液〉
砂糖　大さじ2
しょうゆ　大さじ1
水　25g
片栗粉　小さじ1/2

作り方

1　みたらし液を作る。耐熱容器に材料を入れ、ラップをかけずに電子レンジで1分加熱し、混ぜてからさらに1分加熱する。

2　米粉白玉を作る。ボウルに米粉、絹ごし豆腐、砂糖を入れ泡立て器でよく混ぜ、耳たぶくらいのかたさの生地を作る（かたければ水を足す）。

3　鍋に湯を沸かし、2を2cmほどに丸めてゆでる。浮いてきたら網ですくい、水にさらす。

4　水気をきって串に刺し、みたらし液をかけて完成。

フルーツ白玉

Rice Dumpling with Fruits

卵乳なし

市販のフルーツ缶詰と合わせるだけで、
華やかなおもてなしおやつに変身！

材料（2人分）

米粉白玉の生地　適量
フルーツ缶　1缶

作り方

1　フルーツ缶は汁ごと器に移し、冷蔵庫で冷やしておく。

2　米粉白玉の生地を丸め、真ん中は指で押してくぼませる。熱湯でゆでて浮いてきたら水にさらし、水気をきって1に加える。

Q&A 米粉レシピのよくある質問

米粉のレシピに関して、
よく寄せられる質問と答えを紹介します。

Q 焼き上がった米粉パンの
表面がかたくなってしまいます。

A 乾燥させないように
工夫しましょう。

米粉は乾燥するとかたくなりやすく、長時間
焼くことで「おせんべい」状態になってしまう
ことがあります。やわらかく焼き上げるには、
アルミホイルでフタをして蒸し焼き状態にす
るなど、焼いている間も乾燥させないことが
コツとなります。

Q 余った米粉パンを放置していると、
すぐかたくなってしまいます。

A かたくなる前に冷凍が鉄則です。

上の質問でもお答えしたように、米粉にとっ
て乾燥は大敵。余ったらすぐにラップにくる
んで保存袋に入れ、冷凍庫で保存をしてくだ
さい。もしかたくなってしまったときは、蒸し
器で軽く温めるともっちり感が復活します。
（詳しくはP.19）

Q 本で紹介されている米粉以外の
ものも使ってみたいです。
どんな料理に向いているか、
どうしたら分かりますか?

A 米粉の吸水量を
調べてみましょう。

はじめて買った米粉を使うときは、粉と同量
の水に溶いて吸水量を調べるようにしていま
す。吸水量の低い米粉はシフォンケーキなど
ふんわり系の生地に向いていて、吸水量の高
い米粉はどっしり系の生地やクッキーなどに
向いています。（詳しくはP.122）

Q 玄米粉も米粉と同じように
使えますか?

A 基本は同じ。
玄米粉も吸水量を調べて。

基本的には、玄米粉も米粉と同じように使う
ことができます。ですが、米粉同様に製粉方
法によって仕上がりが大きく変わってくるの
で、吸水量を調べて（P.122）から使ってみるの
がおすすめです。熊本製粉の「グルテンフリ
ー玄米粉（熊本製粉ネットショップで購入可能）」は粒子
が細かく、お菓子もパンも作りやすいです。

Q 米粉の保存方法を
教えてください。

A 密閉容器に入れ、高温多湿を
避けて保存してください。

米粉も小麦粉と同様に、直射日光・高温多湿
の場所を避けた常温での保存をおすすめしてい
います。開封後はなるべく早く使い切るように
し、袋のチャックをしっかりと閉めるか、密閉
容器に入れ替えて保存しましょう。

Q レシピ通りに作っているのに、
うまくいかないときがあるのは
なぜですか?

A 米粉の種類や湿度が
影響しているかも。

米粉は種類によって吸水量が異なります（詳し
くはP.122）。うまくいかないときは、米粉の種類
を変えてみるのもひとつの手です。また、室内
の湿度や温度が影響する場合も。レシピの推
奨米粉を使ってもうまくいかない場合は、加
える水分の量を調整してみてください。

Q 小麦粉を使うレシピを
米粉に置き換えて作れますか?

A 多くのレシピが
置き換え可能です。

粉以外の材料（卵、牛乳、バターなど）が入るような
レシピだと、小麦粉をそっくり米粉に置き換
えてもうまくいきやすいです。また、お菓子や
パンではなく料理系のレシピなら、大抵は置
き換えても大丈夫です。

米粉の「吸水量」について

米粉の種類によって、向いているレシピとそうでないレシピがあります。
ここでは、そうした米粉の特徴を見極めるための、「吸水量」の調べ方を紹介します。

米粉によってこんなに違う！
米粉の「吸水量」の実験

見た目は同じような米粉でも、目に見えない大きな違いが。それは製粉方法の違いによる「粒子の大きさ」と「損傷でんぷん（粉砕中に米のでんぷんについた傷）」です。これらは米粉の「吸水量」に大きく影響してきます。同じ量の水分を加えても、米粉によって吸収する量が異なるため、レシピに向き不向きがあるのです。

 調べてみよう！　30gの米粉と
30gの水を混ぜる

ふんわり系の生地におすすめ
吸水量の低い米粉

同量の水で溶いたとき、とろとろっと溶けたのが吸水量の「低い」米粉。加える水分が少なくなるため、ふんわりと軽い生地に仕上がります。

 こんなレシピに
おすすめ！　シフォンケーキ、
パン、料理全般

どっしり系の生地におすすめ
吸水量の高い米粉

同量の水で溶いたとき、ダマダマっとだんご状になったのが吸水量の「高い」米粉。なめらかにするにはたくさんの水が必要になるので、水分が多く重い生地に仕上がる傾向にあります。

こんなレシピに
おすすめ！　チーズケーキ、
クッキー、料理全般

こんなレシピはどんな米粉を使ってもOK！
どっしり系の生地にふんわり系の米粉を使ってもおいしく作れます。また、米粉を使う量の
少ないレシピや、粉もの以外の料理のレシピも、どんな米粉を使っても大丈夫です。

主な米粉商品とその特徴

P.13で紹介した米粉以外の、スーパーなどでよく目にする米粉商品を紹介します。ここに載っていないものは、左ページのように吸水量をチェックして使ってみるとよいでしょう。

吸水量が低い（ふんわり系）	吸水量が高い（どっしり系）

a 富澤商店 製菓用米粉

製菓材料専門店・富澤商店のオリジナル製菓用米粉。粒子が細かく、お菓子にも料理にも使えます。店頭やネットショップで購入可能。

b 群馬製粉 リ・ファリーヌ

パンやお菓子を作る上で、失敗が少ないと人気の米粉です。Amazonなどのネットショップや、富澤商店でも購入可能。

c オーサワジャパン オーサワの米粉

農薬・化学肥料不使用の国産米100%の米粉。微細な粒子で、ケーキもふんわり仕上がります。オーガニック系のスーパーでよく見かけます。

d 波里 お米の粉 お料理自慢の薄力粉

クッキーやタルトなどのお菓子から料理まで、幅広く使える便利な米粉のひとつ。同じブランドから、製菓用やパン用の米粉も販売されています。

e みたけ 米粉パウダー 彩のかがやき

埼玉県産米「彩のすずかぜ」を使用した米粉。色々なスーパーでよく見かけ、手に入りやすいです。天ぷらやとろみづけに。

f もへじ 米粉

輸入食品店「カルディ」で販売されている国産米粉。どっしり系のケーキや、クッキーにおすすめです。

「グルテンフリー」と米粉の関係

最近よく耳にする「グルテンフリー」という食事法。
小麦をはじめとした穀物のたんぱく質であるグルテンを除去した食事のことで、
小麦の代替品として米粉を選択する人も多いそうです。
このページでは、グルテンフリーの詳しい知識や、米粉を食べることによる
健康上のメリットについて、専門家の先生に解説していただきます。

米粉と小麦粉の大きな違い
「グルテン」と「グルテンフリー」とは？

実は、米粉と小麦粉には、栄養価の違いはそれほどありません。どちらも豊富な炭水化物の他、ビタミン、ミネラル、食物繊維など多種類の栄養成分を含む良質なエネルギー源です。

大きな違いは、小麦にはたんぱく質の一種である「グルテン」が含まれていることです。グルテンは粘性をもつ「グリアジン」と、弾性をもつ「グルテニン」という物質が絡み合ってできていて、これが小麦粉のパンのもちもちとした食感や、うどんのコシなどのもとになっています。米粉にはこのようなグルテンが含まれていません。米粉パンを作るときにちょっとの水加減で食感が悪くなったり、ふくらみにくくなったりするのはこのためです。

しかし、実はこのグルテンが原因で、人によっては健康に影響が生じる可能性があることが分かってきました。そのような体の不調を防ぐために食事から小麦を除去することが、近年話題になっている「グルテンフリー」という食事法なのです。

監修 若宮寿子

栄養士、日本栄養士会認定食物アレルギー栄養士、米国(NSF) HACCPコーディネーター。企業にて8年間栄養指導、給食管理を行い、栄養改善にて東京都知事賞を受ける。『食物アレルギーの子どものためのレシピ集』(栄養・料理監修。発刊：独立行政法人環境再生保全機構) 他、著書多数。

グルテンフリーにはどんなメリットがあるのですか？

グルテンが原因で引き起こされる意外な疾病

グルテンフリーは、もともと「セリアック病」という疾病の改善を目的として生まれました。グルテンが引き金となって免疫系が腸を攻撃する自己免疫疾患の一種で、北欧・欧米系の小麦粉を主食としている人に発症が多いと言われています。さらに、腸の粘膜に穴があき、腸管から血中に細菌などが漏れ出してしまう「リーキーガット症候群」と呼ばれる症状や、下痢や便秘など慢性的な腸の不調を起こす「過敏性腸症候群」なども、グルテンが原因のひとつとして挙げられています。

また、最近では「遅延型アレルギー」のために小麦を除去している人も増えてきました。遅延型アレルギーは最近になって知られてきた抗体反応で、食後すぐに症状が起きる即時型アレルギーとは違い、時間が経過してから反応を起こすため原因の特定が難しいのが特徴です。長年、原因不明の肌や腸の不調に悩まされていた人が検査してみたところ、遅延型アレルギーが原因だった……ということが増えているそうです。

しかし、これらの症状は遺伝や体質によるもので、多くの人はグルテンが原因で体調を崩すことはないと考えられています。ですが、もし原因の分からない不調を感じているのなら、遅延型アレルギーなどを疑ってしばらくグルテンを断ってみるのもひとつの手段かもしれません。

グルテンフリーを試してみるなら、まずは2週間

遅延型アレルギーの場合、食べたものが症状に表れるまで数時間〜数日かかる場合があるので、2週間〜1ヶ月ほど小麦を控えてみるのをおすすめします。肌や腸の不調、慢性的な疲れの他に、頭痛、めまい、うつなどの精神神経症状の改善にも効果が期待できると言われています。

グルテンフリーを始めてみたいのですが、市販の米粉パンでもOKですか？

市販の米粉パンはかならずしも「グルテンフリー」ではない！？

最近はスーパーやパン屋さんでも米粉パンを見かけることが増えてきました。注意してほしいのは、市販の「米粉パン」がかならずしも「米粉100%のパン」ではないということです。アレルギー対応食ではなく、米粉の食味をいかすことを目的とした商品の場合、食感やふくらみをよくするためにグルテンを添加しているケースがあるのです。

この場合、小麦のパンよりもかえってグルテンの含有量は多くなってしまいます。小麦アレルギーをもっている人が食べると、重篤なアナフィラキシーを起こしてしまう可能性もあるため注意が必要です。パッケージの原材料欄に小麦が含まれていないか確認する、またはお店の人に確認するなどして、グルテン添加の米粉製品ではないかよく確認するようにしましょう。

手作りすれば安心＆低コスト

もちろん、自分で米粉のパンやお菓子を手作りするのも、安心な手段のひとつです。種類が増えてきたとはいえ市販の米粉製品は価格が高いことが多いですが、自分で作ればコストもグッと抑えられます。

手作りできるようになると食べられる料理の幅が広がるので、無理なくグルテンフリーを続けられますね。

「グルテンフリーはやせる」は本当？
米粉パンはダイエットに向いていますか？

米粉は消化がゆるやか＆
油の吸収が抑えられる

前述した通り、グルテンフリーはグルテンが原因で体調を崩してしまう人のための食事法ですので、ダイエット法ではありません。ただし、小麦粉のパンと米粉のパンを比べると、米粉のパンの方がダイエットに向いていると言えそうです。

まず米は小麦に比べて消化がゆるやかで、血糖値が穏やかに上昇します。血糖値の急激な上昇は、糖と脂肪を体内に溜め込みやすくなる原因に。さらに米粉パンはもちもちとかみ応えがよく、咀嚼が多くなることで食事のペースがゆっくりになり、食後高血糖や食べすぎを防ぐ作用があると言えます。

また、油の吸収率も小麦粉より低いので、米粉で天ぷらを作ったり、米粉パン粉でフライを作ったりすれば、油の吸収が抑えられてカロリーカットに。油を吸いにくいおかげで、冷めてもべちゃっとしにくいのもうれしいです。

小麦にはモルヒネと同様の
中毒性がある？

「パンっていくらでも食べられちゃう」と、つい食べすぎてしまったことはありませんか。これにも、グルテンのはたらきが関係しているかもしれません。グルテンは体内に吸収されると「エクソルフィン」という物質に分解されます。実はこのエクソルフィン、アヘンやモルヒネ同様に中毒性を引き起こすと言われています。むしょうにパンが食べたくなる……そんな人は、小麦中毒になっているのかも。

もちろん、小麦には有効な栄養成分がたくさん含まれています。健康上の問題がない人には完全に除去することはおすすめしませんが、小麦製品をつい食べすぎてしまう人、無理なくダイエットに取り組みたい人は、小麦食を減らして、米粉パンなどの米食中心の生活に切り替えてみるとよいでしょう。

「国産米粉は安全」。では、小麦は危険なんですか?

収穫した後の作物に農薬をかける「ポストハーベスト農薬」

よく「安心の国産米粉」なんてフレーズを耳にしますよね。これは「ポストハーベスト農薬」の問題を指しています。ポストとは「後」、ハーベストとは「収穫」という意味。つまり、収穫した後の農産物に使用する殺菌剤や防カビ剤などのこと。作物を生育している間に使用する農薬は、日光で分解されたり、収穫の際に洗浄したりすることによりその多くが問題のないレベルまで除去されています。しかし、収穫「後」に散布された薬剤はそのまま残ってしまいやすいのです。また、厳しく規制されている日本の農薬基準ではなく、海外の基準で散布されてしまうのも問題とされています。

「食糧自給率」と食の安全

ポストハーベスト農薬は小麦に限った問題ではなく、すべての農作物に言えることです。しかし「米」に関してわが国の自給率は100%となっており、したがって外国産の米粉を口にする機会というのはほとんどないはずです。ちなみに農林水産省の発表によると、国産米粉パンを1人が1ヶ月に3個食べると、食糧自給率が1%アップするそうです。

小麦も国産の製品がありますが、日本で消費されている小麦粉の約9割は外国産の小麦から作られています。安全のために国産の製品を選びたい、また食糧自給率の上昇に貢献したい、そう思う人は米粉を生活に取り入れてはいかがでしょうか。

米粉で無理なく元気な毎日を

グルテンフリーを心がけている人だけでなく、バランスがよく体にやさしい食事を、
無理なく毎日続けたい。そんな人には、米粉パンや米粉を使った料理をぜひおすすめします。
気負わず続けて、自然と体が元気になっていく。それが「まいにち米粉」のめざす暮らしです。

高橋ヒロ（たかはし・ひろ）

米粉専門家、フードコーディネーター。親の転動で幼少期は日本中を転々としさまざまな食文化に触れる。大学を卒業後大手旅行会社、IT企業等に勤務。傍らで料理を学びフードコーディネーターとしての活動を始めたが、自身の子どものアレルギーをきっかけに、食育、特に米粉の活用に取り組むように。
のちに、社会における米粉の重要性を認識し料理の世界に専念。米粉のセミナーや講座、企業の商品開発、レシピ提供を中心に活動中。著書に『卵アレルギーの子どものためのおいしいおやつとごはん』(成美堂出版)、『作業時間10分 米粉100%のパンとレシピ』(イカロス出版) など。

まいにち米粉
パンと料理とお菓子

著 者　高橋ヒロ

発行者　池田士文

印刷所　三共グラフィック株式会社

製本所　三共グラフィック株式会社

発行所　株式会社池田書店
　　　　〒162-0851 東京都新宿区弁天町43番地
　　　　電話 03-3267-6821 (代)／振替 00120-9-60072

落丁・乱丁はおとりかえいたします。
©Takahashi Hiro 2020, Printed in Japan

ISBN 978-4-262-13052-1

Staff

料理アシスタント
増田かおり＋松岡裕里子＋
sue＋chimaki

撮影協力
高橋壮太郎

本文デザイン
三木俊一＋髙見朋子 (文京図案室)

撮影
福井裕子

スタイリング
木村遥

編集
よしもとこゆき

協力
共立食品株式会社
熊本製粉株式会社

校正
株式会社聚珍社

本書のコピー、スキャン、デジタル化等の無断複製は著作権法上での例外を除き禁じられています。本書を代行業者等の第三者に依頼してスキャンやデジタル化することは、たとえ個人や家庭内での利用でも著作権法違反です。

21020010